教育部人文社会科学研究项目

经管
文库

价值链数字化下
参与全球生产网络地域特征演变
与我国制造业国际分工地位提升研究

赵立斌 张莉莉 ◎ 著

中国财经出版传媒集团

经济科学出版社
Economic Science Press

·北 京·

图书在版编目（CIP）数据

价值链数字化下参与全球生产网络地域特征演变与我
国制造业国际分工地位提升研究/赵立斌，张莉莉著
. -- 北京：经济科学出版社，2023.10
ISBN 978 - 7 - 5218 - 5083 - 3

Ⅰ.①价… Ⅱ.①赵…②张… Ⅲ.①制造工业 - 国
际分工 - 研究 - 中国 Ⅳ.①F426.4

中国国家版本馆 CIP 数据核字（2023）第 165546 号

责任编辑：梁含依 谭志军
责任校对：王京宁
责任印制：范 艳

价值链数字化下参与全球生产网络地域特征演变
与我国制造业国际分工地位提升研究

JIAZHILIAN SHUZIHUAXIA CANYU QUANQIU SHENGCHAN WANGLUO DIYU TEZHENG
YANBIAN YU WOGUO ZHIZAOYE GUOJI FENGONG DIWEI TISHENG YANJIU

赵立斌 张莉莉 著
经济科学出版社出版、发行 新华书店经销
社址：北京市海淀区阜成路甲 28 号 邮编：100142
经管中心电话：010 - 88191335 发行部电话：010 - 88191522
网址：www. esp. com. cn
电子邮箱：espcxy@ 126. com
天猫网店：经济科学出版社旗舰店
网址：http://jjkxcbs. tmall. com
北京季蜂印刷有限公司印装
710×1000 16 开 12.25 印张 190000 字
2023 年 10 月第 1 版 2023 年 10 月第 1 次印刷
ISBN 978 - 7 - 5218 - 5083 - 3 定价：60.00 元
（图书出现印装问题，本社负责调换。电话：010 - 88191545）
（版权所有 侵权必究 打击盗版 举报热线：010 - 88191661
QQ：2242791300 营销中心电话：010 - 88191537
电子邮箱：dbts@ esp. com. cn）

教育部人文社会科学研究项目经管文库
出版说明

教育部人文社会科学研究项目已开展多年，一向坚持加强基础研究，强化应用研究，鼓励对策研究，支持传统学科、新兴学科和交叉学科，注重成果转化。其秉持科学、公正、高效的原则，注重扶持青年社科研究工作者和边远、民族地区高等学校有特色的社科研究，为国家经济建设和社会发展及高等教育发展贡献了一批有价值的研究成果。

经济科学出版社致力于经济管理类专业图书出版多年，于 2018 年改革开放 40 周年之际推出"国家社科基金项目成果经管文库"，于 2019 年中华人民共和国成立 70 周年之际推出"国家自然科学基金项目成果·管理科学文库"。今年是中国共产党建党 100 周年，我们将近期关注的教育部人文社会科学经济管理类研究项目整理为文库出版，既为了庆祝中国共产党建党 100 周年，又希望为我国教育科研领域经济管理研究的进步做好注脚，同时，努力实现我们尽可能全面展示我国经济、管理相关学科前沿成果的夙愿。

本文库中的图书将陆续与读者见面，欢迎教育部人文社会科学研究项目在此文库中呈现，也敬请专家学者给予支持与建议，帮助我们办好这套文库。

经济科学出版社经管编辑中心

2021 年 4 月

　　本书是教育部人文社会科学研究一般项目"价值链数字化下参与全球生产网络地域特征演变与我国制造业国际分工地位提升研究"（项目编号：20YJC790185）、河北省高等学校人文社会科学研究青年拔尖人才项目"数字技术创新对全球价值链贸易隐含碳排放的影响研究"（项目编号：BJS2022019）、河北省社会科学发展重点课题"数字经济带动河北就业发展的理论机理、效应测度及对策研究"（项目编号：20200201005）、河北省统计科学研究计划项目"数字技术创新对中国与'一带一路'区域价值链可持续性的影响测度研究"（项目编号：2023HY07）的研究成果。

前言

近年来，随着数字技术的不断迭代创新及其对全球价值链的改造升级，全球主要国家对制造业及数字经济领导权纷争在不断加剧，跨国公司国际生产的全球布局与一国参与全球生产网络的方式与地域特征也在不断演变。本研究沿着现状分析→理论分析→实证分析→案例分析→提出对策的思路，科学、客观地研判价值链数字化重塑下我国制造业参与全球生产网络地域特征的演变趋势，进而对价值链分工地位产生的积极影响，并提出对策建议。

首先，价值链数字化下全球生产网络在不断向前演进，全球主要国家参与全球生产网络的地域特征也在不断变化。

其次，数字经济下随着数字技术的不断迭代创新与消费需求的不断升级、企业生产方式的变革与数字平台的兴起均促进全球制造业不断向我国及周边区域集聚；数字经济下比较优势的变迁与全球价值链参与方式的变化促进我国向构建自身主导的区域价值链转变，价值链数字化促进我国制造业参与全球价值链地域特征不断由全球化向区域化演变，且技术密集型制造业与资本密集型制造业参与全球价值链的区域化倾向大于劳动密集型行业。

然后，价值链数字化对中高技术制造业的价值链地位提升促进作用较大，而对低技术制造业价值链地位提升的促进作用不太明显，价值链数字化可通过提升价值链区域化促进价值链地位提升。价值链数字化也是我国工程机械跨国公司实现全球生产网络前向参与提高和全球价值链升级的有效途径。

最后，提出相应的对策建议，包括：从国家层面促进数字经济发展，助力制造业数字化转型；从产业层面做好制造业参与全球价值链分工的地域战略选择；在企业层面抓住数字中国建设机遇，促进数字化转型与价值链升级。

本书共八章，研究生胡燕冉、肖瑶、朱子龙、阎瑞雪、张梦雪、曹梓琳、丁毅、张荷苑、黄思越、谢璐羽、李西、李铭辉、石广禄、刘雪莹、张梦媛、王子怡和李天雄做了大量实质性工作，在此一并感谢。

目　　录

第一章

绪　　论

研究背景与意义

一、研究背景

20世纪80年代，信息技术的出现以及运输成本的降低，国际分工碎片化发展趋势明显，全球分工体系从产业间分工过渡到产业内分工与产品内分工，各国之间的分工不再以产品为基本单位，而是以产品内不同的生产工序或生产任务为特征。这一国际分工模式的转变使世界各国纷纷参与到全球价值链地位竞争的行列中，欧美、日本等发达国家凭借资本与技术的迅速积累，扮演着全球价值链主导者与控制者的角色。以中国为首的发展中国家凭借廉价的劳动力和丰富的自然资源优势迅速参与到全球价值链分工中，成为全球贸易大国和"世界制造工厂"。但中国制造业"大而不强"的特征明显，且长期位于发达国家主导的全球价值链分工的中低端。作为全球分工最充分的领域，制造业是贸易利得竞争的核心战场，并且是参与国际贸易的主要对象与经济发展的重要驱动力，因此提高中国制造业全球价值链分工地位刻不容缓。

近年来，随着数字技术快速发展的良好势头不断显现，其对我国经济社会的影响也日益加强，建设数字中国已上升到国家战略高度。以互联网、人工智能、物联网、云计算、大数据等为代表的数字技术与传统产业（尤其是与制造业）的深度融合，不仅产生了全新的生产方式与管理模式，也带动了制造业价值链数字化升级。同时，双边与区域自由贸易协定风起云涌，据WTO官网数据，全球累计生效的区域贸易协定（RTA）数量也在稳步增长，从2001年的90个增长至2022年的355个。在经济全球化与区域经济一体化的大环境下，伴随着数字技术的不断迭代创新，价值链数字化的发展势必会给国际分工与全球价值链的整合与重构带来重大影响，进而会在一定程度上影响一国参与全球价值链的地域特征与分工地位。探究价值链数字化对制造业参与全球价值链分工地域特征进而对国际分工地位的影响，有助于中国制定促进制造业"由大变强"的发展战略，为提升制造业全球价值链分工地位和国际竞争力提供重要的制度保障。

二、研究意义

近年来，随着数字技术的不断迭代创新及其对全球价值链的改造升级，全球主要国家对制造业及数字经济领导权纷争不断加剧，跨国公司国际生产的全球布局与一国参与全球生产网络的方式与地域特征也在不断演变。本书的研究意义如下。

（1）本书通过科学、客观地研判价值链数字化重塑下我国参与全球生产网络地域特征的演变趋势，有助于厘清价值链数字化对参与全球生产网络地域特征演变进而对国际分工地位提升的作用机理，对于完善数字经济下全球价值链的相关理论体系具有独到的学术价值。

（2）检验区域化地域特征在价值链数字化促进国际分工地位提升过程中中介作用的强弱，有助于我国更有针对性地推进双边、区域或多边协定中数字经济、数字贸易等相关议题的谈判与设计，不仅可以为我国制造业培育国际竞争区域与全球新优势提供技术动力与制度保障，也可以为促进其沿着全球价值链不断向高端攀升提供方向指引与实践支持。

第二节
国内外研究现状评述

一、数字经济的相关研究

（一）数字经济的内涵与外延

数字经济的发展与 20 世纪计算机与通信技术的进步密不可分，而随着 21 世纪互联网、大数据、人工智能、物联网、云计算等数字技术的发展，数字经济的内涵得以延伸，由过往简单的对数字信息产业的总称，即包括传统的基础电信、电子信息制造业，到现在已经发展成涵盖各行各业数字化、信息化、智能化所形成的领域总称，是一种由数字信息技术融合各产业发展而衍生出的一种新的经济范式。数字经济概念最早由加拿大学者泰普斯科特（Tapscott）于 1995 年提出，他认为新信息经济最初的形态是采用数字方式即二进制代码呈现，利用电脑以字节的形式在网络上传播，所以称它为数字经济。随着计算机信息网络的发展，泰普斯科特将数字经济概括成网络化智能时代下的网络系统，不仅是数字技术与智能终端的集成，还是通过技术构建人与人之间生产生活的网络系统，它将进一步引致智能、知识与创新的结合发展，不断促进财富及社会发展的突破性创新。

在网络信息技术应用的初期阶段，关于数字经济的定义比较单一与抽象，而随着互联网信息技术逐渐成熟及电子商务的出现，人们开始关注数字经济的主要构成。莱恩（Lane，1999）认为数字经济集合了信息计算与数字技术，催生促进了电子商务及其运作模式的发展与升级。马格里奥等（Margherio et al.，1999）首次明确提出数字经济包括网络构建、电子商务、货物和服务的数字交付和有型货物的零售。克林和拉姆（Kling and Lamb，2000）认为数字经济是将数字技术运用到企业与部门的生产营销过程中，包括依靠数字平台的销售供货服务，例如信息与通信技术（information and communications technology，ICT）产品及服务。梅森伯格（Mesenbourg，2001）将数字经济总结为三部分，即电子商务基础设施、通过网络形成的商务活动和电子商品的线上交易，且总体上这三部分都是基于电子商务的基础衍生而来。

随着信息技术的不断发展应用，数字经济的内涵和外延也在不断扩展。2008 年以后，数字经济的概念被更加广泛地提及，人们对数字经济所包含内容的关注点更多地延伸到 ICT 技术在经济活动中的应用。这一阶段各国学者对于数字经济的理解不再是概括其具体的构成或探索真正的界限，而是选择宽泛的思维理解数字经济的本质，并且数字经济的边界随着其内涵的扩大变得越来越模糊。希克斯（Heeks，2008）认为数字经济涵盖三个层面：第一层面涵盖商品、软件与基础设施；第二层面包括服务与零售；第三层面指数字内容的生产与销售。布赫特和希克斯（Bukht and Heeks，2017）从最终产出的角度出发，认为数字技术如果能够带动行业产生数字服务与数字产品，那么与这种数字技术相关的产出就统称为数字经济，具体分为三个层次，第一层次就是数字部门，包括电子信息制造业、软件制造服务业等；第二层次称为狭义的数字经济，即除第一层次外，还包括伴随着 ICT 产业发展所带动的具有创新性的业态模式，诸如平台经济、共享经济等；第三层次为广义数字经济，包含一切与数字信息相关的经济活动，即除狭义的数字经济外，还包括工业 4.0、精准现代农业、新零售等。而从数字经济对于社会活动与经济发展的影响作用角度分析，埃尔马斯里等（Elmasry et al.，2016）认为不能用一个经济概念代表数字经济的内涵，数字经济是一种行为方式，这种行为方式创造出不可替代的最新前沿价值，帮助客户优化消费体验，并且提供支撑整个体系的能力。劳斯（Rouse，2016）则指出通信技术是数字经济的基础，其使世界经济活动紧密地联系在一起，形成经济网络。下议院商业创新和技能委员会（House of Commons Business Innovation and Skills Committee，2016）认为数字经济对经济增长的促进起到关键作用，这种促进作用来自企业生产销售服务中利用的数字准入和数字技术。

（二）我国关于数字经济的相关研究

郭晓萧（2019）通过回顾我国过往数字经济的发展历程，总结出我国数字经济发展的三个阶段：（1）以互联网应用为主的电子商务阶段；（2）以移动互联网应用为主，以平台为载体，以数据为驱动的"互联网＋"阶段；（3）以云计算、大数据等新一代基础设施为基础，人工智能、智能制造为代表的全面数字化阶段。还指出数字经济可以分为产业数字化和数字产业化两部分，前者为数字技术与各行业融合发展的结果，也就是各企业通过数字化转型提高生产效率和产品服务质量；后者则是数字经济组成的基础部分，包括电子信息制造业等 ICT 产业。杨国伟等（2018）认为以人工智能为代表的数字技术使工作要素发生了重大变化，现阶段的数字经济是由数字技术主导的劳动者工作方式与消费者的日常生活方式转变成数字准入为代表的经济社会范式：岗位模式变得越来越精确；工作方式由集中式向分布式转变，人与组织发生空间分离，工作内容日趋模块层次化和元素化；工作时间逐渐变得自由灵活；组织管理逐渐向平台化、社会化变革；组织边界日渐消弭，平台逐渐开放等。

而现阶段我国相关研究对于数字经济的定义，采用最多的还是 G20 杭州峰会对于数字经济的表述：数字经济带来的是生产要素的革新，它以数字信息与知识创新代替了传统的生产要素，并且将互联网作为传播载体，利用前沿的数字技术，以传统企业生产效率的提升和产业与经济结构的优化升级为目的的一系列经济活动。

二、参与全球价值链分工地域特征的相关研究

（一）全球价值链地域特征理论相关研究

全球价值链理论经过短短几十年的发展，已经形成了一套相对完整的理论体系。回顾全球价值链理论的发展历程，可以发现全球价值链理论体系沿着空间地域位置转移的主线不断发展。下面就从全球价值链地域转移的特点入手，对国内外学者的相关研究动态作简单梳理。

对于价值链理论最开始的研究是根源于国家内部的企业层面，其中最具代表性的是波特（Porter，1985）提出的价值链理论。波特（1985）从企业层面分析公司的行为与竞争优势，认为公司商业运作的经营活动可以分解为单

独环节，这些环节都对企业最终的价值产出具有贡献作用，称为价值创造活动。而价值创造活动又可以细分为基本活动（含加工、配送、销售和售后服务等）与支持性活动（含技术、人力资源、原材料供应和财务等），这些活动在公司运营的过程中紧密联系，各环节的价值增值共同组成公司最终的价值产出，构成公司价值产出的行为链条，即为公司内的价值链。波特认为价值链不仅出现在公司内部，公司之间依然存在着价值链组合的联系，每个公司所产出的价值链都不是独立的，都将存在于其他组织或公司共同构成的价值链体系中。

关于价值链理论的研究扩展到区域间的国家层面，并且这些区域国家主要集中在具有竞争优势的发达国家。如科古特（Kogut，1985）提出整个价值链条的各环节在不同国家和地区之间如何在空间上进行配置取决于不同国家与地区的比较优势，即各国按照各自的比较优势选择价值链条上的细分环节。而某一国家或地区的企业为保持核心竞争优势，会把所有资源集中在价值链条上最具有比较优势的细分环节和技术层面上。与波特相比，科古特的观点更能反映价值链的垂直分离与区域空间再配置之间的关系，把价值链的概念从企业层面拓宽到具有比较优势的发达国家之间的区域层面，对进一步形成全球价值链地域特征理论起到重要作用。

进入 20 世纪 90 年代，全球价值链的碎片化发展和空间组成的迁移开始得到诸多学者的关注。其中，阿尔恩特和科尔兹科夫斯基（Arndt and Kierzkowski，2001）开始使用"碎片化"形容全球生产分工的分布现象。20 世纪 90 年代以来，国际经济竞争日益激烈，经济全球化稳步推进，发达国家的跨国公司将内部经营环节中那些低附加值的生产环节转移到发展中国家，把高附加值的生产环节继续留在公司内部以保持自身的国际竞争力，同时这一举措也使发展中国家获得更多融入全球价值链的机会。至此价值链条分布的地域布局从区域发达国家的层面演进到全球，基本形成了由发达国家主导，发展中国家低端嵌入的全球价值链分工模式，国际分工也逐渐从产业内分工过渡到产品内分工。1999 年，美国杜克大学教授格里菲（Gereffi，1999a）提出了全球商品链（Global Commodity Chain）的框架，把价值链与全球化的生产网络联系在一起。为了突出强调各企业在各自生产环节的价值创造行为链条，

21 世纪初，格里菲与众多学者一致商定采用全球价值链（Global Value Chain, GVC）代替全球商品链这一术语。

至此，全球价值链的基本理论已经形成，学者们又从价值链地域特征等角度对其进行了补充。如开普林斯基和莫里斯（Kaplinsky and Morris，2001）指出，不同企业与国家想要主导区域价值链（Regional Value Chain，RVC）获得更多的贸易利得，就要在全球价值链分工体系中承担高附加值的生产环节。张辉（2004）认为要深刻理解全球价值链，只有从组成价值链的各区域环节入手，才能进一步理解这种新的分工理论，并且研究了促进价值链条深化的因素。刘志彪和张杰（2009）提出了国家价值链的概念，他们认为全球价值链的关键地位已经被发达国家占据，发展中国家往往参与的是全球价值链体系中的低端环节，并且还会面临被低端锁定的风险。他们分析了国家如何从参与全球价值链体系的低端锁定困境中摆脱出来，并且深入补充了关于国家价值链的概念，指出国家价值链与全球价值链之间存在相辅相成、相互转化的关系。

综上所述，关于全球价值链理论的演进，有着明显的地域空间上的转移特点，即从最开始源于国家内部企业层面的价值创造延伸到部分发达国家之间区域层面组成的价值链条，最后发展成链接发达国家与发展中国家的全球价值链体系，这为本书深入分析制造业参与全球生产网络的地域特征提供重要的理论支撑。

（二）全球生产网络地域特征相关研究

大多学者认为不同跨国公司的国际一体化生产在地域分布上逐渐呈现集聚化和离散化两个特征（Deardorff，2001；Gereffi et al.，2010），但由于受地理距离和贸易协议对双边贸易的强烈影响，全球生产网络主要集中在亚洲、北美洲与欧洲三大区域，具有显著的区域性而不是全球性特征，但拉丁美洲和非洲区域内贸易都远少于区域外贸易，区域价值链较为薄弱（Hummels et al.，2001；Daudin et al.，2011；Johnson and Noguera，2012；Baldwin and Javier，2013；Koopman et al.，2012），而劳斯等（Los et al.，2015）发现 20 世纪末期区域内的价值链分割占主导地位，但进入 21 世纪后，全球性的生产分割变得更为重要，全球生产网络逐渐呈现更强的全球性特征。

（三）中国制造业参与全球生产网络分工地域特征的相关研究

各方学者都已对全球价值链分工做了大量的研究，但大部分研究成果集中在参与全球价值链分工地位的攀升与升级治理方面，如胡昭玲和张咏华（2012）、黎峰（2015）等。关于我国参与全球价值链分工地域特征倾向于区域化还是全球化的研究较为缺乏，而且不同学者的结论存在较大的分歧。鲍德温（Baldwin，2012）最早将全球价值链与区域价值链放在一起讨论全球价值链分工的地域特征：单从产品价值创造的角度分析，产品各价值创造环节的全球化特征并不明显，更多表现出区域化的趋势。鲍德温（2012）通过下面三点论证相关结论：第一，利用 WIOD 数据库的数据，得出 2009 年全球范围内的货物、服务和自然资源用于提供国内需求的比重分别为 73%、91% 和 80%，即只有少部分用于出口；第二，根据库普曼等（Koopman et al.，2012）的测算发现，世界各国的总出口中，只有约 20% 的出口增加值被其他国家获得，这一比重说明世界各国嵌入全球价值链的程度并不明显；第三，鲍德温和贾维尔（Baldwin and Javier，2013）指出全球范围内的价值链体系中占据重要位置的是美国、德国、日本和中国，这些国家又各自带动周边区域的国家形成北美 RVC、欧洲 RVC 和亚洲 RVC，而其他国家很难突破 RVC 的限制，跨区域参与到其他区域的价值链中。鲍德温和贾维尔（2013）从全球总量的统计出发，把全球各国作为一个整体进行研究，虽然也指出了以中日韩为主导的亚洲国家 RVC 趋势明显，但是并没有对中国参与全球价值链分工的全球化或区域化特征进行详细分析。

20 世纪末以来，全球价值链的发展带来了更加开放和繁荣的世界经济贸易格局，促进地理临近、具有深度经济互补性特征的区域国家越来越多地开展区域经济合作。王原雪和张二震（2016）认为新一轮区域经济一体化浪潮的发展势必对全球价值链背景下的国际贸易规则提出新的需求，当前全球价值链越来越多地体现在区域形成的供应链上，区域价值链逐渐成为全球价值链的重要驱动力。如何在全球价值链背景下正确认识新一轮区域经济一体化，对于制定经济全球化背景下我国的区域经济发展战略具有重要意义。

可见，学者们对区域价值链的重视程度越来越高，但有关我国制造业参与全球价值链分工地域特征趋向全球化还是区域化的研究相对比较缺乏，有些文献虽然涉及全球价值链特定区域的研究，如李金昌和项颖（2014）指出中国制造业增加值的国别来源趋于多元化，刘重力和赵颖（2014）实证分析了东亚区域在全球价值链分工中的依赖关系，闫云凤（2015）运用贸易增加值的测度方法探讨了全球价值链下中日韩区域生产合作的特征，高运胜等（2015）基于垂直专业化分工的视角对中国制成品出口欧盟的增加值进行了分解研究，但这些研究大多只从全球价值链背景下分析区域经济合作效应与治理上的问题，并没有对我国参与全价值链分工的倾向进行深入研究。

关于中国制造业参与全球价值链分工地域特征是趋向全球化还是区域化，国内学者魏龙和王磊（2016）认为中国应该从嵌入欧美主导的全球价值链转移到主导"一带一路"的区域价值链，其基于 WIOD 数据分析认为我国的产业结构与共建"一带一路"国家存在着较高的互补性，并通过比较各产业的显示性比较优势指数，指出我国对共建"一带一路"国家 RVC 具有高端环节的控制能力，从而验证了我国"一带一路"的政策实施可以助力主导区域价值链，从而获得较高的贸易利得，推动我国制造业向价值链高端环节攀升，促进全球竞争力提高。葛阳琴和谢建国（2017）基于贸易增加值统计口径，分别比较了 1995～2011 年中国制造业最终产品总出口中来自东亚区域的国外附加值比重和来自东亚区域以外的国外附加值比重，发现中国制造业参与全球价值链的全球化特征较为明显，区域化趋势减弱。孙铭壕等（2019）研究了全球价值链分工背景下"一带一路"区域各国的分工地位特征，并提出促进区域价值链合作不断优化的相关建议。如果说以上关于中国参与全球价值链分工区域特征的研究所选择的共建"一带一路"国家和东亚国家都是地理位置相临近的区域，而董虹蔚和孔庆锋（2018）则根据国际贸易协定下的经济合作区域进行了扩展研究，通过比较 2000～2014 年金砖国家的 GVC 参与程度指数与 RVC 参与程度指数，认为金砖国家参与 GVC 生产程度和参与 RVC 生产程度都呈现上升的趋势，只是参与 RVC 生产程度的增幅更大，即区域化趋势增长更显著。葛阳琴和谢建国（2017）认为全球价值链分工的区域化和全球化并不是对立的，更多是一种竞争与合作的关系，可共同推进价值链分工向更高的层次发展。

　　此外，对于中国参与全球生产网络地域特征的研究集中于产品、产业与国家三个层面。在产品层面，随着以中国为核心的亚洲区域内供应链日趋成熟，中国参与全球生产网络的区域性特征日渐增强，特别是中国零部件进口更多倾向于区域性（刘志彪和张杰，2009；林桂军和邓世专，2011；周昕和牛蕊，2012；周昕，2013），但随着生产服务进口的增加与零部件生产技术水平的提高，中国零部件的出口对东亚区域依赖性逐渐降低，全球化水平不断提高，但目前的全球化程度仍低于世界平均水平（Athukorala and Kohpaiboon，2009；Kim et al.，2011；裴长洪，2013；宾建成，2013；刘重力和赵颖，2014），而随着欧美和新兴经济体技术水平的不断提升和体量的不断扩大，中国最终消费产品价值链向全球性延伸的速度不断加快（周昕和牛蕊，2012；周昕，2013；高敬峰和王庭东，2017）。在产业层面，范子杰（2016）、葛阳琴和谢建国（2017）通过构建基于上游延伸的国家和行业层面全球价值链地域特征分析框架，对1995～2011年我国制造业参与全球生产网络的地域特征进行了分析，认为虽然不同制造业行业存在差异，但总体上参与全球生产网络的全球化特征在不断增强，而且地理临近与区域性贸易协定的作用在不断减弱。此外，有学者构建了基于生产工序的新测度方法，测算出我国各行业出口的总体技术含量与国内技术含量都在增加，一定程度上证明随着国内增加值率的不断提高，我国各行业参与全球生产网络更多呈现出本地化特征（倪红福，2017）。在国家层面，有学者分别基于单国（区域）投入产出模型框架与全球投入产出模型框架，用平均生产阶段数、与最终产品之间"距离"的上游度指数衡量我国参与全球生产网络国内、国际生产分割长度的变化，但没有深入细化到区域内外进行详细分析（Fally，2012；Antras and Chor，2021；Timmer et al.，2014；倪红福，2016；王直等，2017）。

　　总体而言，有关我国参与全球价值链分工地域特征的相关研究大多集中于全球价值链背景下区域经济合作效应与区域经济治理等问题，对我国参与全球价值链分工到底是趋向于全球化还是区域化的研究仍较为缺乏，而且由于不同学者进行研究时所选择的区域、时间段、统计方法等都存在一定的差异，造成对中国参与全球价值链分工到底是表现出全球化倾向还是区域化倾向没有统一的结论。

三、价值链数字化对参与全球生产网络地域特征及价值链地位影响的相关研究

（一）价值链数字化对我国制造业参与全球价值链分工影响的相关研究

1. 数字经济对我国参与全球价值链分工地位的影响

韩剑等（2018）认为经济全球化和通信技术的高速发展推动了全球生产服务体系的形成，使全球价值链各环节的可分解性和中间产品的可贸易性凸显，资源配置的分散化程度越来越高，全球价值链的广度和深度都得以扩展。其中互联网信息技术的发展在跨国贸易中显得尤为重要，可降低交流成本和搜寻信息成本，形成贸易创造效应，尤其是中间产品的贸易创造效应（Bakos，1997；Anderson and Wincoop，2004）。李海舰等（2014）指出互联网技术可降低企业生产成本和组织管理成本，包括与上下游供应商之间、生产者与消费者之间的物流运输成本，提升出口企业的生产效率。另外，在异质性贸易理论模型的框架中，互联网技术可分别通过降低企业的固定成本和可变成本实现国际贸易扩展边际和集约边际的增长。由此可见，在互联网技术大发展的背景下，越来越多的中间产品跨国流动带动了全球价值链深度与广度的扩展，而更低的成本会促使公司将更多的资源用于产品的研发与升级上，有利于企业参与价值链分工的地位升级。赵西山（2017）认为数字经济与制造业的深度融合使制造业智能化、信息化的趋势日益明显，不仅能够突破制造业创新链瓶颈，提升制造业质量，加速中国制造"便道超车"，也有助于推动中国制造业沿着全球价值链不断向中高端攀升。

2. 数字化对我国参与全球价值链分工地位的影响

随着数字化的不断发展，关于数字化对价值链地位的影响，学者从不同角度展开了研究。首先，在企业微观层面，吴代龙和刘利平（2022）将数字经济和企业全球价值链地位攀升纳入统一分析框架，发现企业数字化发展有利于企业全球价值链地位攀升。黄华灵（2022）基于资源配置视角发现企业数字化转型对其全球价值链地位的提升具有显著的正向促进作用。其次，在行业中观层面，数字技术从根本上改变着全球价值链的研发设计、生产制造、

营销及售后服务环节，涉及范围不仅局限于 ICT 产业，而是越来越多地渗透到跨越全球经济所有部门的价值链（Foster and Graham，2017；Ahmad and Schreyer，2016；Rodrik，2018；王振，2018），势必会对国际一体化生产的价值分配与空间布局产生深远影响。李丹等（2022）利用层级结构分解方法，发现全球价值链数字化属性对制造业国际分工地位的促进作用。戴翔等（2022a）发现数字基础设施对中国制造业企业的价值链分工地位有显著的提升作用。周升起和张皓羽（2022）发现数字技术应用显著促进了服务业 GVC 分工地位的提升。王晶和林如意（2022）通过构建数字经济综合指标体系，得出数字经济对农业全球价值链地位具有显著提升作用。费越等（2021）发现数字经济发展对中国制造业全球价值链地位提升存在显著正向影响。齐俊妍和任奕达（2021）发现与数字技术创新环境和国家数字竞争强度相比，数字基础设施对于各行业的价值链地位提升作用更显著。最后，在国家宏观层面，余妙志和方艺筱（2022）基于 2007~2019 年 49 个国家的面板数据，经实证检验发现，数字化投入对一国的全球价值链分工地位具有显著助推效应。刘璐（2021）通过对数字经济和价值链分工地位进行回归分析，发现数字经济显著促进一国价值链分工地位提升。姜峰和段云鹏（2021）利用动态因子分析法发现数字"一带一路"可推动中国全球价值链地位攀升。宋慧桐（2021）将数字经济划分为多个维度，发现数字技术创新体系、数字技术发展前景和基础设施水平能显著促进全球价值链分工地位提高。高敬峰和王彬（2020）从生产要素贡献度角度发现数字技术显著提升了中国的全球价值链地位。李津等（2020）发现数字基础设施对全球价值链地位提升有促进作用。

3. 价值链数字化对全球生产网络地域特征的影响研究

关于价值链数字化对全球生产网络地域特征的影响研究主要集中在数字技术对不同价值链环节在全球布局的影响上。首先，有学者认为数字技术可降低全球价值链环节中的信息通信、物流运输、金融服务等成本，促进全球价值链的进一步延伸与生产网络的全球性拓展（李忠民等，2014；Baldwin，2016；Foster and Graham，2017；王玉柱，2018；詹晓宁和欧阳永福，2018；易宪容等，2019），但在数字技术背景下，随着全球价值链逐渐由劳动密集型向知识密集型与资本密集型转变，投资贸易协定中原产地规则以及本土化成分的增加等新常态因素又会导致全球价值链复杂度的下降与长度的收缩，使全球生产网络表现出日益显著的区域化特征（戴翔和张二震，2016）。其次，在研发设计环节，价值链数字化不仅使传统工业经济下的研发设计环节更加细化，也使研发设计环节更多集中于数字技术发达、数字人才充足与数字基础设施完善的发达国家，使研发设计更多呈现出国内化与区域化特征（杜传忠和杜新建，2017；何枭吟和王晗，2017）。再次，在生产制造环节，有学者认为更高的数字化水平要求更多的资本密集型智能制造集中于具有较高数字技能的大型生产基地，特别是随着人工智能、3D打印等数字技术的广泛运用，跨国公司可能把服装、玩具等产品的生产布局在数字技术发达、数字基础设施完善、离最终需求市场比较近的区域，生产制造环节的区域性特征更加显著（马秀丽和孙友杰，2004；王盛勇和李晓华，2018；Backer et al.，2018），但也有观点认为随着3D打印等数字技术的兴起，又会促进更多的全球定制化生产，使生产制造呈现出更多的全球化特性（Laplume et al.，2016；Sturgeon，2008）。最后，在营销与售后服务环节，企业借助数字公众平台可在全球范围内形成更广阔与更分散的供应与分销合作关系，但复杂的协同研发与稳定的销售又鼓励建立更密切的区域合作伙伴关系（杜传忠和杜新建，2017；何枭吟和王晗，2017），同时有学者认为数字经济也有助于实现更多的服务全球性外包（Ahmad and Schreyer，2016；UNCTAD，2017）。

4. 数字化对我国参与全球价值链分工地域特征的影响

目前关于数字化对我国参与全球价值链分工地域特征的影响研究还比较匮乏，针对美国实施的贸易保护主义，龙永图（2018）认为跨境电商等新兴技术为当今世界经济的发展提供了巨大的推动力量，这是决定新一轮全球化的主要动力，贸易保护主义不可能阻挡全球化的发展潮流，可见其认为数字经济的发展有助于促进全球价值链向更广阔的地域拓展。他还指出随着互联网等数字技术的发展，全球化的浪潮已经从西方发达国家迅速推向以共建"一带一路"国家为代表的发展中国家，成为经济全球化的新天地。这与前文全球价值链研究动态中提到的中国正在从参与发达国家主导的全球价值链的低端地位向主导区域价值链转移相契合，表明当今中国在参与全球价值链体系的过程中开始重视区域价值链的发展。

（二）我国制造业参与全球价值链分工地域特征演变影响因素的相关研究

目前探讨影响我国制造业参与全球价值链分工地域特征演变因素的研究还很缺乏，有少数学者从跨国公司对外投资的角度进行了探讨，如陈健（2010）把跨国公司全球价值链各增值环节地域分布的影响因素进行了系统分类，包括市场规模、工资水平、运输能力、通信能力、金融环境、制度因素等，指出双边要素禀赋差异也影响着跨国公司的价值链地域分布，即双边的资本、劳动、科技等要素禀赋的相似性成为决定一个地区吸引跨国公司价值增值环节投资与参与全球价值链分工地域特征的重要因素。李建军和孙慧（2017）指出中国对外直接投资（oversea direct investment，ODI）近年来的快速增长反映了中国经济正在从全球价值链低端环节向附加值更高的环节迈进，和前文提到的中国参与全球价值链分工正在从嵌入欧美主导的全球价值链的低端位置向共建"一带一路"国家区域价值链的中高端主导地位转移的观点契合。由此可以看出一国的 ODI 水平对该国参与全球价值链的地域特征演变有一定的影响。

现有文献从企业、行业、国家（或经济体）等视角考察了数字化的经济效应，为理解数字化对参与全球生产网络地域特征与价值链地位提升的影响提供了丰富的见解。但目前对数字经济与数字化的研究仍大多集中在数字经济的内涵与外延、数字经济的发展历程等方面，对中国制造业参与全球价值链分工地域特征的研究不够深入，并且对于数字经济下我国制造业参与全球价值链分工地域特征倾向于全球化还是区域化的研究更为缺乏，且由于在不同的分析框架下研究方法、研究视角等方面的不同，导致研究结论也出现较大差异。

首先，研究层面上，对于中国参与全球生产网络的研究，更多基于传统总值方法，零部件进口呈现显著的区域性，零部件出口全球性特征更加明显，最终产品生产与贸易则逐渐由区域性向全球性过渡。而在产业与国家层面，虽然有基于增加值分解的方法对我国国内与国外增加值率进行衡量，但缺乏对中国总体、各分行业参与全球生产网络地域特征演变异质性的全方位考量。其次，研究方法上，虽然从传统总值过渡到基于增加值分解的研究逐渐贴近现实，但大多研究只基于单一的增加值分解方法，未能综合采用不同的增加值来源分解方法与全球生产网络地域特征指标，把上下游国际生产分割细化到区域内外进行对照分析。最后，研究视角上，大多只是在工业经济框架下对我国参与全球价值链进行分析，而把数字经济与我国参与全球生产网络的地域特征联系起来，分析价值链数字化对全球生产网络地域特征进而对国际分工地位产生影响的研究，只是停留在数字技术改变传统国际生产方式和不同生产环节空间布局的简单描述与逻辑推断层面上，缺乏系统的量化分析与实证数据的支持，而从我国产业层面，针对不同行业价值链数字化对其参与全球生产网络地域特征影响的实证分析更是不足。故本书从国家与产业层面，基于不同的增加值分解方法与不同的地域特征衡量指标，把价值链数字化、参与全球生产网络区域化的地域特征以及国际分工地位纳入数字经济框架下进行理论与实证分析，不仅可以弥补已有文献的上述不足，对我国在数字全球化时代下制定制造业参与全球价值链发展相对应的全球或区域发展战略、促进制造业数字化转型升级与高质量发展、提升制造业全球价值链分工地位也具有重要的意义。

第三节
本书研究内容

本书遵循现状分析→理论分析→实证分析→案例分析→对策建议的思路，具体包括以下五部分。

一、现状分析

在分析全球生产网络动态演变趋势、全球主要国家价值链数字化与参与全球生产网络地域特征演变趋势的基础上，梳理我国制造业总体及不同分行业价值链数字化、参与全球生产网络本土化、区域化与全球化等地域特征与国际分工地位演进进程。

二、理论分析

如图 1-1 所示，结合全球价值链与数字经济相关理论，分别从数字技术的运用促进企业生产方式变革、制造业区域集聚、国家要素禀赋与比较优势变迁三个层面提出价值链数字化重塑能够促进我国参与全球生产网络地域特征向区域化演变，进而促进区域一体化协定的签订，为价值链地位进一步提升提供制度保障的理论机制。

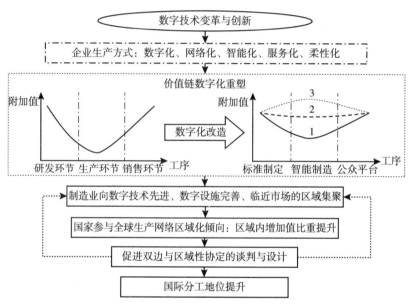

图 1-1　价值链数字化、参与全球生产网络区域化与我国制造业国际分工地位提升
资料来源：笔者自制。

三、实证分析

分别以我国制造业总体及不同要素密集度行业的价值链位置指数为因变量，以价值链数字化程度为自变量，以参与全球生产网络的区域化地域特征为中间变量，以数字基础设施水平、经济规模、人力资本、研发支出占比为控制变量建立计量模型，验证不同时间段、不同要素密集度行业参与全球生产网络区域化地域特征在价值链数字化促进国际分工地位提升过程中的中介作用，并分析未来趋势，为后文有针对性地提出促进双边、区域与多边一体化协定谈判提供依据。

四、案例分析

以中国工程机械行业头部企业三一重工股份有限公司（以下简称"三一重工"）、徐工集团工程机械股份有限公司（以下简称"徐工机械"）、中联重科股份有限公司（以下简称"中联重科"）为案例，通过扎根理论阐释价值链数字化促进制造业国际分工地位提升的理论机理。

五、对策建议

在前面研究的基础上，提出要通过有序推进双边、区域或全球贸易协定相关议题的谈判与设计，培育参与全球生产网络的区域或全球性新优势，进而促进我国制造业高质量发展并不断向全球价值链高端攀升的对策建议。

第四节
本书的研究方法与创新点

一、研究方法

（1）理论分析法。在梳理相关文献的基础上，采用规范分析法，综合多种理论，从理论层面分析价值链数字化重构促进我国参与全球生产网络地域特征演变进而促进国际分工地位提升的理论机制。

（2）比较分析法。本书综合基于出口与最终需求增加值来源分解方法，比较分析我国制造业总体及不同分行业价值链数字化、参与全球生产网络地域特征演变、国际分工地位提升进程差异以及数字化对不同行业参与全球生产网络地域特征与分工地位影响的异质性。

（3）实证分析法。把数字经济及影响制造业参与全球价值链地域特征的其他相关因素纳入计量模型进行实证分析，采用因子分析法、工具变量法等多种分析方法，计量检验参与全球生产网络地域特征在价值链数字化促进我国国际分工地位提升过程中的中介作用。

（4）扎根理论分析。采用扎根理论分析法探究价值链数字化对中国工程机械跨国公司参与全球生产网络与价值链升级的影响。

二、创新点

（1）以往对中国制造业参与全球价值链分工地域特征的研究还不够深入，并且对于数字经济下我国制造业参与全球价值链分工地域特征倾向于全球化还是区域化的研究更为缺乏，本书基于全球多区域投入产出数据，采用完全有效消耗系数，对我国不同部门参与全球价值链分工的绝对与相对全球化、区域化与本土化特征进行全面而深刻的阐述。

（2）以往对于我国制造业参与全球价值链的研究多基于传统工业经济框架，即集中在对我国制造业参与全球价值链的程度、全球价值链分工地位及相关影响因素的研究上，而本书基于数字经济框架，聚焦于价值链数字化通过参与全球价值链地域特征进而对价值链分工地位产生影响的理论与实证研究，既丰富了数字经济和全球价值链的相关理论，也对我国在发展数字经济的同时如何更好顺应全球价值链发展潮流，不断沿着全球价值链向中高端攀升具有较强的指导价值。

（3）以往研究基本沿着理论研究、现状研究与实证研究的研究思路，更多从国家或行业层面验证数字经济对参与全球价值链的影响，缺乏企业层面的案例分析，而本书在实证研究之后选取典型企业为案例，重点分析价值链数字化对企业层面价值链分工地位提升的促进作用，从国家（或经济体）、行业和企业三个层面充分证实了数字化对价值链分工地位提升的促进作用，使研究结论更加稳健。

第二章

全球生产网络动态演变

本章基于出口国内增加值构建制造业复杂价值链贸易网络，并运用社会网络分析法对该网络的整体网及结构特征展开分析。

第一节
全球生产网络构建与特征指标选取

一、全球生产网络构建

基于 ADB – MRIO 数据库中 2000 年、2007 ~ 2020 年 62 个经济体产业层面的数据，选取最能体现全球生产网络分工的制造业低技术部门与中高技术部门的复杂价值链贸易国内增加值数据作为数据源分析制造业全球生产网络的动态演变特征。具体网络构建步骤如下。

（1）构建邻接矩阵。参照王直等（2018）关于双边总出口分解的 WWZ[①]核算方法，计算得到制造业复杂价值链的贸易数据，以国家为节点，以国家

---

① Wang Z, Wei S J, Zhu K F. Quantifying International Production Sharing at the Bilateral and Sector Levels ［R］. NBER Working Paper No. 19677，2018.

间的双边贸易联系为边，以产品出口流动方向为边的指向分析制造业总体复杂价值链、低技术制造业复杂价值链与中高技术制造业复杂价值链贸易网络的特征，分别分年份构建与之相对应的 62×62 的贸易矩阵。

（2）生成贸易网络。参考姚星等（2019）的研究，通过计算各贸易矩阵的阈值，对其进行二值化处理。具体的操作方法如下：首先分年份计算各贸易矩阵元素在 2000 年、2007～2020 年的均值，每一类贸易矩阵对应 14 个均值，再将每一类贸易矩阵对应的 14 个均值进行平均，得到三类贸易矩阵对应的三个阈值，之后将各贸易矩阵导入 UCINET 软件进行二值化处理，大于等于该阈值，元素取 1；小于该阈值，元素取 0，由此生成贸易网络。

二、全球生产网络演变特征指标选取

选取边数、网络密度、互惠性、"核心－边缘"结构及凝聚子群指标对三类贸易网络整体网及结构特征进行分析。

（一）边数

在社会网络中，边代表网络中各行动者之间的关联，一个网络的边数越多，代表该网络中各行动者之间的联系越密切。就本书所构建的贸易网络而言，边数代表贸易网络中各经济体间存在的超过阈值的贸易联系数量。

（二）网络密度

网络密度（Density）是网络中的实际边数与理论边数之比，其值介于 0～1，越接近于 1，说明网络中节点间的联系越紧密。网络密度可以用来衡量贸易网络中各节点之间联系的紧密程度，网络密度越大，说明各经济体间的贸易联系越紧密。网络密度的计算公式如式（2－1）所示。

$$\text{Density} = \frac{M}{N(N-1)} \qquad (2-1)$$

其中，M 为网络中的实际边数，N 为网络中的节点数。

（三）互惠性

互惠性指网络中两个节点间具备双向关系的程度，互惠系数评价了网络的整体互惠性，其计算方法为网络中节点间的双向边总数除以网络的总边数。互惠系数的值越接近于 1，说明网络中节点间的互惠关系越强。在国际贸易网络中，贸易关系并不总是双向的，互惠性可以用来测度节点经济体间贸易联系的紧密程度与贸易的对称性及平衡性。

（四）"核心－边缘"结构

"核心－边缘"结构反映了贸易网络中各经济体的地位与重要性。利用UCINET 软件分别计算出三类贸易网络中各经济体的核心度，并按大小顺序进行排序，将核心度大于 0.15 的经济体归为核心经济体，核心度介于 0.05～0.15 的经济体归为半核心经济体，核心度小于 0.05 的经济体归为边缘经济体，对"核心－边缘"经济体进行划分。由于边缘经济体数量较多不便展示，因此仅展示核心经济体与半核心经济体，表格中各经济体出现的先后顺序即核心度的排名顺序。

（五）凝聚子群

凝聚子群是由于网络中某些经济体关系紧密而形成的一个次级团体，在一个凝聚子群内部，各经济体间联系紧密，在信息共享和合作方面交往频繁，呈现"小团体"特征。

第二节
制造业总体生产网络演变

一、边数

根据 Ucinet 分析结果，制造业总体生产网络的边数在 2000～2020 年整体呈上升趋势，由 274 升至 630，升幅为 129.93%，说明二十年间制造业复杂价值链贸易在全球范围内扩张明显。其中 2000～2008 年持续增长，由 274 增长至 563，增长率达到 105.47%，说明在此期间该网络中超过阈值的中间产品贸易联系显著增加。2008～2009 年受全球金融危机的影响，各经济体间的制造业复杂价值链贸易联系减少，边数下降。2009～2019 年该网络的边数呈波动上升态势，其中 2016～2019 年边数呈明显的上升趋势，由 541 升至 667，说明在此阶段技术进步推动了制造业复杂价值链贸易在全球范围内迅速扩张。由于制造业复杂价值链贸易全球化分工特点明显，因此 2020 年全球新冠疫情的暴发对其产生了较为严重的负面影响，使得各经济体间超过阈值的贸易联系数量下降，由 667 降至 630，降幅为 5.55%。

二、网络密度

如图 2 – 1 所示，制造业总体生产网络的网络密度在 0.07 ~ 0.171 波动。其中 2008 ~ 2009 年、2019 ~ 2020 年分别受全球金融危机与新冠疫情的影响有所下降，其余年份均呈波动上升趋势，说明随着技术的进步与国际分工的细化，制造业生产网络越来越稠密，各经济体间的中间产品贸易往来越来越密切。

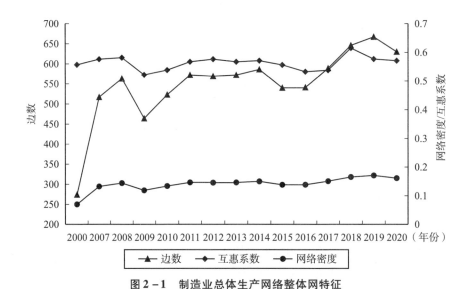

图 2 – 1　制造业总体生产网络整体网特征

资料来源：采用 ADB – MRIO 数据库数据经 UCINET 软件计算所得。

三、互惠性

如图 2 – 1 所示，制造业总体生产网络的互惠系数在 0.52 ~ 0.62 波动，

2000～2020 年互惠系数均值为 0.563，表现出一定的互惠性，且 2000～2008 年呈上升趋势，由 0.557 升至 0.581，在此期间，各经济体间互惠程度不断增强，各经济体倾向于建立双向互惠的制造业复杂价值链贸易关系。2008～2009 年受全球金融危机的影响，经济不景气导致各经济体间贸易联系减少，制造业复杂价值链互惠贸易也随之减少，互惠系数急剧下降，由 0.581 降至 0.521，降幅为 10.33%。在 2009～2018 年呈波动上升趋势，2018 年升至最高点 0.615，此时各经济体间中间产品互惠贸易倾向最为明显。2018 年受中美贸易摩擦影响，网络中的双向贸易联系比重下降，互惠系数降低。

四、"核心－边缘"结构

如表 2-1 所示，对于制造业总体生产网络而言，其核心经济体数量在 2000～2020 年保持在 9～12 个，在 2000～2007 年实现了较大增长，由 9 个增长至 12 个，在之后年份数量稳定。德国、美国、日本、法国、韩国、中国、英国、意大利始终是该网络中的核心经济体，瑞典在 2007 年成为核心经济体之一，但在 2013 年又重返半核心经济体行列；俄罗斯在 2007 年从半核心经济体行列迈入核心经济体行列，且在之后年份核心地位一直保持稳定。荷兰、巴西、印度等经济体的地位波动较大，考察期内在核心经济体与半核心经济体之间反复变化。比利时、西班牙、印度尼西亚等经济体常年位于半核心经济体之列，地位稳定。

表 2-1　制造业总体复杂价值链贸易网络"核心－边缘"经济体划分

年份	核心经济体	半核心经济体
2000	德国　美国　日本　法国　中国　中国台湾　英国　韩国　意大利	荷兰　瑞典　爱尔兰　比利时　西班牙　马来西亚　澳大利亚　印度尼西亚　俄罗斯　新加坡　土耳其　瑞士　墨西哥　芬兰　波兰　菲律宾　巴西　加拿大　奥地利
2020	中国　德国　美国　日本　韩国　意大利　英国　印度　俄罗斯　法国　荷兰　印度尼西亚	西班牙　瑞士　新加坡　奥地利　瑞典　中国台湾　爱尔兰　波兰　比利时　马来西亚　泰国　土耳其　丹麦　巴西　澳大利亚　捷克共和国　越南　加拿大　罗马尼亚　墨西哥　挪威　匈牙利

资料来源：采用 ADB－MRIO 数据库数据经 UCINET 软件计算所得。

五、凝聚子群

如表 2-2 所示，从制造业总体生产网络凝聚子群的划分情况可以看出，两个经济体能否处于同一贸易小团体主要取决于它们是否位于同一区域和经济发展水平是否接近。2000 年 A5 中的经济体多为发展中经济体，由于这些经济体经济实力不强，制造业也不够发达，总体来说在制造业生产网络中的参与度不高，承接的也都是比较低端的生产环节，相互间贸易往来比较密切，由此形成了贸易小团体。

与 2000 年相比，2007 年制造业复杂价值链贸易发展水平有所提高，原本属于 A5 中的一些经济体如罗马尼亚、巴基斯坦等由于技术的进步，开始融入其他贸易小团体，2007 年 B2、B4、B5 子群出现了较为明显的按经济发展水平划分的特征，这三个子群中的经济体经济发达程度比较接近，相应的技术水平也不相上下，因此更容易开展制造业复杂价值链贸易。B2 中除中国外都是发达经济体，中国之所以能够融入其中，是因为贸易体量大、贸易门类全，两方面的优势弥补了中间产品技术含量上的不足。

表 2-2 制造业总体生产网络凝聚子群划分

年份	编号	子群经济体
2000	A1	澳大利亚　泰国　哈萨克斯坦　印度　巴西　加拿大　中国香港　墨西哥　印度尼西亚
	A2	英国　德国　美国　中国台湾　越南　中国　菲律宾　日本　法国　韩国　马来西亚　新加坡
	A3	西班牙　瑞典　瑞士　比利时　荷兰　意大利　爱尔兰　奥地利
	A4	葡萄牙　丹麦　挪威　匈牙利　斯洛伐克共和国　捷克共和国　俄罗斯　土耳其　波兰　芬兰
	A5	罗马尼亚　保加利亚　拉脱维亚　爱沙尼亚　孟加拉国　克罗地亚　立陶宛　蒙古国　斯里兰卡　卢森堡　巴基斯坦　斐济　塞浦路斯　斯洛文尼亚　希腊　文莱　吉尔吉斯斯坦　柬埔寨　马尔代夫　尼泊尔　老挝　马耳他　不丹

续表

年份	编号	子群经济体
2007	B1	澳大利亚 越南 中国香港 印度 菲律宾 俄罗斯 马来西亚 泰国 巴基斯坦 印度尼西亚
	B2	中国台湾 日本 巴西 墨西哥 新加坡 韩国 美国 中国 加拿大
	B3	葡萄牙 卢森堡 匈牙利 希腊 捷克共和国 罗马尼亚 斯洛文尼亚 斯洛伐克共和国 奥地利
	B4	德国 西班牙 波兰 挪威 哈萨克斯坦 荷兰 丹麦 爱尔兰 瑞典 比利时 法国 土耳其 瑞士 意大利 芬兰 英国
	B5	拉脱维亚 孟加拉国 保加利亚 立陶宛 蒙古国 斯里兰卡 爱沙尼亚 斐济 塞浦路斯 文莱 克罗地亚 吉尔吉斯斯坦 柬埔寨 马尔代夫 尼泊尔 老挝 马耳他 不丹
2013	C1	澳大利亚 越南 日本 中国台湾 巴西 加拿大 印度 中国 泰国 柬埔寨 马来西亚 美国 新加坡 菲律宾 韩国 印度尼西亚
	C2	哈萨克斯坦 中国香港 希腊 孟加拉国 巴基斯坦 文莱 立陶宛
	C3	捷克共和国 奥地利 保加利亚 匈牙利 斯洛文尼亚 罗马尼亚 斯洛伐克共和国 葡萄牙 卢森堡
	C4	比利时 波兰 荷兰 挪威 爱尔兰 瑞士 瑞典 意大利 土耳其 德国 西班牙 丹麦 俄罗斯 芬兰 法国 英国 墨西哥
	C5	蒙古国 爱沙尼亚 斐济 拉脱维亚 塞浦路斯 克罗地亚 吉尔吉斯斯坦 斯里兰卡 马尔代夫 尼泊尔 老挝 马耳他 不丹
2020	D1	澳大利亚 越南 日本 中国台湾 巴西 加拿大 印度 中国 泰国 新加坡 马来西亚 美国 韩国 墨西哥 印度尼西亚
	D2	中国香港 孟加拉国 哈萨克斯坦 菲律宾 柬埔寨
	D3	波兰 瑞士 瑞典 奥地利 比利时 英国 匈牙利 丹麦 西班牙 爱尔兰 意大利 捷克共和国 法国 土耳其 德国 荷兰 俄罗斯 斯洛伐克共和国 芬兰
	D4	罗马尼亚 葡萄牙 卢森堡 立陶宛 爱沙尼亚 斯洛文尼亚 保加利亚 希腊 挪威
	D5	蒙古国 拉脱维亚 巴基斯坦 斐济 塞浦路斯 文莱 克罗地亚 吉尔吉斯斯坦 斯里兰卡 马尔代夫 尼泊尔 老挝 马耳他 不丹

资料来源：采用 ADB – MRIO 数据库数据经 UCINET 软件计算所得。

2013 年 C5 与 2007 年的 B5 相比，C5 中的发展中经济体进一步减少，说明有越来越多的发展中经济体融入其他贸易团体中。随着制造业复杂价值链贸易的发展和各经济体制造业水平的提高，发展中经济体制造业生产网络参与度也在不断提高。除此之外，C1、C3、C4 均体现出明显的区域划分特征，其中 C1 中多为环太平洋经济体，C3 中多为东欧和南欧发达经济体，C4 中多为西欧和北欧发达经济体。

2020 年与 2013 年的凝聚子群划分相比，总体来说变化不大，但是从 D3 子群可以看出，越来越多的发达经济体处于同一贸易小团体，说明随着制造业复杂价值链贸易水平的提高，对于中间产品的技术要求也越来越高，因此技术水平较高的发达经济体越来越倾向于形成共同的贸易小团体，为彼此的中间产品贸易提供便利。

第三节

低技术制造业生产网络演变

一、边数

如图 2 - 2 所示，低技术制造业生产网络的边数在 2000 ~ 2020 年整体呈上升趋势，由 2000 年的 296 升至 2020 年的 642，增长率为 116. 89%。其中 2000 ~ 2008 年呈上升态势，由 296 升至 538；2008 ~ 2009 年受全球金融危机的影响出现下降趋势，由 2008 年的 538 降至 2009 年的 471。2009 ~ 2016 年呈波动上升态势，其中 2016 ~ 2019 年持续上升，由 566 上升至 689，直至 2020 年新冠疫情暴发，低技术制造业中间产品贸易联系开始减少，边数下降，由 2019 年的 689 降至 2020 年的 642。

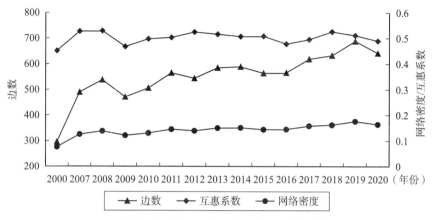

图 2 - 2 低技术制造业生产网络整体网特征

资料来源：采用 ADB - MRIO 数据库数据经 UCINET 软件计算所得。

二、网络密度

根据图 2 - 2 可知，低技术制造业生产网络的网络密度在 0. 076 ~ 0. 176 波动。将首尾年份的网络密度进行对比可以发现，2000 ~ 2020 年网络密度的增长率为 115.79%，二十年间网络密度实现了大幅增长。虽然在 2008 ~ 2009 年、2019 ~ 2020 年有所下降，但总体来看，低技术制造业生产网络中各经济体间的贸易联系越来越紧密。

三、互惠性

根据图 2 -2 可知，低技术制造业生产网络互惠系数的波动范围为 0. 45 ~ 0. 53，2000 ~ 2008 年持续上升，在 2008 年上升至最高点 0. 528。之后受到全球金融危机的影响，经济不景气导致贸易量萎缩，各经济体间低技术制造业中间产品的双向贸易联系也随之减少，互惠系数在 2008 ~ 2009 年急剧下降，由 0. 528 降至 0. 467，降幅为 11. 55%。在 2009 ~ 2018 年呈波动上升趋势，由 0. 467 升至 0. 525，2018 ~ 2020 年受中美贸易摩擦与全球新冠疫情的影响，低技术制造业生产网络中各经济体间的双向贸易联系减少，互惠系数再次下降，从 2018 年的 0. 525 降至 2020 年的 0. 490，降幅为 6. 67%。

四、"核心－边缘"结构

如表 2 - 3 所示，2000～2020 年低技术制造业生产网络的核心经济体数量在 13～15 个，2000～2013 年逐年增长，2013 年达到顶峰，2013～2020 年核心经济体数量没有变化。中国自 2000 年开始就是核心经济体之一，德国、美国、法国等也是如此，巴西、波兰、印度尼西亚等经济体自 2007 年开始进入核心经济体行列，而俄罗斯自 2020 年开始成为低技术制造业生产网络中的核心经济体之一。奥地利、泰国、丹麦、土耳其等经济体在 2000～2020 年始终位列半核心经济体行列，地位比较稳定，加拿大自 2007 年开始由核心经济体迈入半核心经济体行列，且在此后始终保持在半核心经济体行列，西班牙自 2007 年开始由核心经济体迈入半核心经济体行列，至 2020 年又重返核心经济体行列。

表 2 - 3　　　　低技术制造业生产网络"核心－边缘"经济体划分

年份	核心经济体	半核心经济体
2000	美国　德国　意大利　英国 中国　日本　法国　芬兰 瑞典　荷兰　西班牙　加拿大 韩国	印度　比利时　巴西　印度尼西亚　奥地利　中国台湾　土耳其　瑞士　澳大利亚　葡萄牙　泰国　爱尔兰　墨西哥　丹麦　捷克共和国　波兰　马来西亚
2020	中国　美国　德国　意大利 巴西　法国　印度尼西亚　印度　韩国　波兰　瑞典　西班牙　日本　英国　俄罗斯	芬兰　泰国　比利时　马来西亚　土耳其　荷兰　奥地利　越南　捷克共和国　中国台湾　葡萄牙　罗马尼亚　巴基斯坦　丹麦　匈牙利　澳大利亚　瑞士　斯洛伐克共和国　加拿大　斯洛文尼亚　立陶宛　墨西哥

资料来源：采用 ADB - MRIO 数据库数据经 UCINET 软件计算所得。

五、凝聚子群

从表 2 - 4 中 2000 年、2007 年、2013 年和 2020 年的凝聚子群划分可以看出，各子群经济体在地理位置上相近，在经济发展水平上相似。如 2000 年的 E1 主要由环太平洋发达经济体组成，E4 中的经济体大多属于西欧发达经济体，E5 则包含了更多的发展中经济体；2007 年 F3 中的多数经济体都是西欧和北欧发达经济体，F4 中半数以上的经济体位于南欧地区；2013 年 G5 中的多数经济体属于亚洲发展中经济体；2020 年的 H3 多为亚洲发展中经济体，H4 大多是东欧地区的发达经济体，H6 则以南欧经济体为主。

表 2－4　　　　　　　　低技术制造业生产网络凝聚子群划分

年份	编号	子群经济体
2000	E1	澳大利亚　日本　中国台湾　美国　加拿大　马来西亚　中国　泰国　中国香港　印度尼西亚　韩国　墨西哥　菲律宾
	E2	新加坡　孟加拉国　希腊　巴基斯坦　越南
	E3	罗马尼亚　匈牙利　俄罗斯　爱尔兰　葡萄牙　波兰　挪威　土耳其　丹麦　捷克共和国　奥地利
	E4	意大利　西班牙　瑞典　德国　荷兰　比利时　瑞士　印度　巴西　法国　英国　芬兰
	E5	保加利亚　卢森堡　斯洛伐克共和国　斯洛文尼亚　拉脱维亚　克罗地亚　立陶宛　蒙古国　斯里兰卡　爱沙尼亚　斐济　塞浦路斯　文莱　哈萨克斯坦　吉尔吉斯斯坦　柬埔寨　马尔代夫　尼泊尔　老挝　马耳他　不丹
2007	F1	澳大利亚　越南　日本　中国台湾　巴西　加拿大　印度　中国　泰国　韩国　马来西亚　美国　巴基斯坦　墨西哥　印度尼西亚
	F2	新加坡　哈萨克斯坦　中国香港　孟加拉国　柬埔寨　菲律宾　俄罗斯
	F3	波兰　奥地利　比利时　挪威　斯里兰卡　丹麦　西班牙　瑞典　意大利　捷克共和国　法国　英国　德国　荷兰　爱尔兰　瑞士　芬兰
	F4	克罗地亚　罗马尼亚　卢森堡　匈牙利　斯洛伐克共和国　斯洛文尼亚　保加利亚　土耳其　葡萄牙　希腊　立陶宛
	F5	爱沙尼亚　蒙古国　塞浦路斯　文莱　斐济　吉尔吉斯斯坦　拉脱维亚　马尔代夫　尼泊尔　老挝　马耳他　不丹
2013	G1	澳大利亚　越南　日本　中国台湾　巴西　加拿大　印度　中国　泰国　印度尼西亚　美国　孟加拉国　巴基斯坦　韩国
	G2	新加坡　哈萨克斯坦　马来西亚　墨西哥　柬埔寨　中国香港　菲律宾
	G3	瑞典　波兰　比利时　英国　土耳其　丹麦　西班牙　爱尔兰　意大利　捷克共和国　法国　荷兰　德国　奥地利　瑞士　爱沙尼亚　芬兰

年份	编号	子群经济体
2013	G4	罗马尼亚　匈牙利　葡萄牙　卢森堡　斯里兰卡　斯洛伐克共和国　斯洛文尼亚 保加利亚　克罗地亚　希腊　挪威　立陶宛　俄罗斯
	G5	蒙古国　塞浦路斯　文莱　斐济　吉尔吉斯斯坦　拉脱维亚　马尔代夫　尼泊尔 老挝　马耳他　不丹
2020	H1	澳大利亚　越南　日本　中国台湾　巴西　加拿大　印度　老挝　泰国　韩国 马来西亚　美国　印度尼西亚
	H2	中国香港　蒙古国　孟加拉国　斯里兰卡　新加坡　柬埔寨
	H3	塞浦路斯　马耳他　尼泊尔　斐济　文莱　马尔代夫　吉尔吉斯斯坦　不丹
	H4	捷克共和国　葡萄牙　俄罗斯　奥地利　瑞士　罗马尼亚　斯洛伐克共和国　爱尔兰　墨西哥　卢森堡　匈牙利　丹麦
	H5	比利时　土耳其　瑞典　波兰　西班牙　英国　荷兰　意大利　法国　德国　芬兰　中国
	H6	保加利亚　斯洛文尼亚　巴基斯坦　挪威　克罗地亚　希腊
	H7	立陶宛　拉脱维亚　菲律宾　爱沙尼亚　哈萨克斯坦

资料来源：采用 ADB – MRIO 数据库数据经 UCINET 软件计算所得。

　　将 2020 年与 2000 年的凝聚子群进行对比分析可以发现，位于同一区域、经济发展水平相近的经济体构成"小团体"的趋势越来越明显，如 2020 年 H5 中的经济体有着十分明显的区域特征，而且处于该子群的经济体经济发展水平相近，可能是地理上的邻近性以及经济发展水平的相似性使得这些经济体之间存在着更大的贸易可能，并逐渐在低技术制造业复杂价值链贸易联系上形成了小团体。

第四节
中高技术制造业生产网络演变

一、边数

　　如图 2 – 3 所示，中高技术制造业生产网络的边数在 2000 ~ 2020 年总体上呈上升态势，由 262 升至 586，升幅为 123.66%。2000～2008 年增长明显，由 262 增长至 534，之后受全球金融危机的影响在 2008～2009 年出现下降，由 2008 年的 534 降至 2009 年的 444，降幅达 16.85%，2009～2016 年呈波动上升态势，2016～2019 年持续上升，由 506 升至 619，在此期间中高技术制造业复杂价值链贸易迅速发展，各经济体间超过阈值的中间产品贸易联系迅速扩张。2020 年新冠疫情暴发，中高技术制造业中间产品贸易联系开始减少，边数由 2019 年的 619 降至 2020 年的 586。

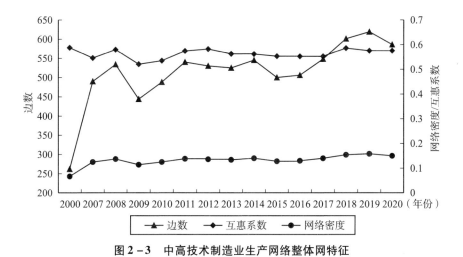

图 2 - 3　中高技术制造业生产网络整体网特征

资料来源：采用 ADB - MRIO 数据库数据经 UCINET 软件计算所得。

　　将三类贸易网络边数的变动趋势进行对比可以发现，中高技术制造业与制造业总体生产网络的边数保持着基本一致的变动趋势，且相对于低技术制造业生产网络来说，二者的变动趋势更为稳定。低技术制造业生产网络的边数波动最为明显，说明该贸易网络中经济体之间贸易关系的建立与解除更为灵活，可能是因为低技术制造业复杂价值链贸易对技术水平的要求并不高，因此这种贸易与其他两种贸易相比，其参与经济体及参与经济体之间的贸易关系并不十分固定。

二、网络密度

如图 2-3 所示，中高技术制造业生产网络的网络密度在 0.067~0.158 波动。2008~2009 年受全球金融危机的影响，中高技术制造业复杂价值链贸易萎缩，网络密度由 0.137 降至 0.114，降幅为 16.79%。2020 年受新冠疫情影响，各经济体间超出阈值的中高技术制造业中间产品贸易往来减少，网络密度由 2019 年的 0.158 降至 0.150，降幅为 5.06%。其余年份呈波动上升趋势。将 2020 年与 2000 年的网络密度进行对比可以发现，20 年间中高技术制造业生产网络的网络密度实现了 123.88% 的增长率，说明各经济体间中间产品贸易往来日趋密切。

将三类生产网络的网络密度进行对比可以发现，中高技术制造业生产网络的密度常年低于其他两个网络，说明由于中高技术制造业复杂价值链贸易对参与经济体的技术要求较高，所以主要参与经济体是经济较为发达的强制造业经济体，中高技术制造业复杂价值链贸易集中在这些经济体间发生，导致网络密度较小。

三、互惠性

如图 2-3 所示，中高技术制造业生产网络贸易互惠系数在 0.52~0.59 波动，2000~2007 年呈下降趋势，由 0.588 降至 0.546，2007~2008 年有所回升，2008~2009 年全球金融危机期间各国间贸易往来减少，互惠系数大幅下降，此后呈波动上升趋势。2018 年中美贸易摩擦出现，其负面影响波及中高技术制造业生产网络中的各经济体，中高技术制造业中间产品的双向贸易联系减少。与低技术制造业和制造业总体生产网络不同的是，中高技术制造业生产网络的互惠系数在二十年间有所下降，由 2000 年的 0.588 降至 2020 年的 0.575。原因可能是 2000 年可以满足中高技术制造业中间产品贸易技术要求的经济体比较少，因此这种贸易的参与经济体比较固定，形成了较为紧密的互惠贸易联系。随着技术的进步，越来越多的经济体开始有能力参与贸易，网络中各经济体间的贸易依赖程度有所下降，因此互惠系数整体呈下降态势。

从互惠系数的变化趋势图可以看出，三类贸易网络中的互惠关系受全球经济格局及各经济体之间政治经济关系的影响，全球经济高速增长且各经济体间贸易关系稳定时互惠关系增强，反之则减弱。

将三类生产网络的互惠系数进行对比可以发现，低技术制造业生产网络的互惠系数小于其他两个网络，说明相较于低技术制造业的复杂价值链贸易，各经济体间的中高技术制造业与制造业总体复杂价值链贸易表现出更强的互惠性。因为这两种贸易对技术的依赖性更强，因此参与经济体多为技术水平较高的经济体，贸易关系更为集中地在这些经济体间建立，相应地，这些经济体间的贸易依赖性更强，互惠倾向更明显。整体的数据分布显示，三类生产网络虽表现出一定的互惠性，但总体来看互惠程度都不够高，各经济体间的中间产品贸易并未实现较好的连通与扩散。

四、"核心－边缘"结构

对于中高技术制造业生产网络而言，2000～2020年核心经济体数量在9～12个，2000年核心经济体数量为9个，2007年增长至12个，且在此后年份数量比较稳定（如表2－5所示）。

表2－5　　　中高技术制造业生产网络"核心－边缘"经济体划分

年份	核心经济体	半核心经济体
2000	德国　美国　日本　英国　法国　中国　中国台湾　韩国　意大利	荷兰　瑞典　爱尔兰　比利时　西班牙　马来西亚　澳大利亚　俄罗斯　新加坡　菲律宾　印度尼西亚　瑞士　墨西哥　土耳其　巴西　加拿大
2020	中国　德国　美国　日本　韩国　意大利　英国　俄罗斯　印度　法国　荷兰　新加坡	瑞士　西班牙　中国台湾　瑞典　奥地利　爱尔兰　泰国　波兰　比利时　土耳其　马来西亚　丹麦　澳大利亚　越南　印度尼西亚　捷克共和国　加拿大　巴西　墨西哥　挪威

资料来源：采用 ADB－MRIO 数据库数据经 UCINET 软件计算所得。

德国、美国、日本、法国、意大利、中国、英国、韩国常年居于核心经济体之列，俄罗斯自 2007 年开始成为核心经济体之一，在之后年份保持着比较稳定的核心地位，2020 年新加坡也成为中高技术制造业生产网络中的核心经济体之一，说明新加坡与其他经济体的中高技术制造业复杂价值链贸易往来比以往更加密切。爱尔兰、加拿大、澳大利亚、墨西哥等经济体自 2000 年开始便始终是半核心经济体，比利时在 2007 年由半核心经济体迈入核心经济体行列，2013 年又重返半核心经济体行列，且在之后地位稳定。

将三类生产网络的"核心–边缘"特征进行对比可以发现，中高技术制造业与制造业总体生产网络更加稳定，2000 年至今核心国家几乎没有变化，主要包含德国、美国、日本、法国、意大利、中国、英国等经济体，低技术制造业生产网络的核心国家流动性更强，但是中国、德国、美国、法国始终位居核心经济体行列。从总体上看，三类生产网络的"核心–边缘"现象都较为明显，且核心经济体与半核心经济体都较为稳定。

五、凝聚子群

从表 2-6 可以看出，处于同一子群的经济体具有地理和经济发展水平上的邻近性。2000 年的 I2 子群中多数经济体属于环太平洋经济体，I3 子群主要由中东欧及北欧发达经济体构成。2007 年的 J4 子群主要由北欧和西欧发达经济体组成。2013 年 K4 子群中多数是位于中欧或南欧的发达经济体，K3 和 K4 中的多数属于欧盟经济体。2020 年的 L1 大多属于环太平洋经济体。

表 2-6　　　　　　　中高技术制造业生产网络凝聚子群划分

年份	编号	子群经济体
	I1	澳大利亚　泰国　哈萨克斯坦　印度　巴西　加拿大　墨西哥
2000	I2	德国　英国　日本　法国　美国　中国台湾　马来西亚　中国　菲律宾　印度尼西亚　韩国　新加坡
	I3	丹麦　斯洛伐克共和国　俄罗斯　波兰　捷克共和国　挪威　匈牙利　土耳其　芬兰　奥地利

年份	编号	子群经济体
2000	I4	西班牙 瑞士 瑞典 意大利 荷兰 比利时 爱尔兰
	I5	拉脱维亚 罗马尼亚 保加利亚 蒙古国 立陶宛 卢森堡 孟加拉国 爱沙尼亚 斯洛文尼亚 塞浦路斯 克罗地亚 希腊 吉尔吉斯斯坦 斯里兰卡 巴基斯坦 斐济 老挝 文莱 不丹 尼泊尔 柬埔寨 马尔代夫 越南 马耳他 中国香港 葡萄牙
2007	J1	澳大利亚 越南 希腊 印度 巴西 俄罗斯 菲律宾 泰国 马来西亚 印度尼西亚
	J2	中国台湾 日本 墨西哥 美国 韩国 中国 加拿大 新加坡
	J3	葡萄牙 匈牙利 卢森堡 斯洛文尼亚 捷克共和国 奥地利 罗马尼亚 土耳其 斯洛伐克共和国
	J4	西班牙 波兰 瑞典 比利时 挪威 德国 荷兰 丹麦 爱尔兰 瑞士 意大利 法国 哈萨克斯坦 英国 芬兰
	J5	孟加拉国 保加利亚 拉脱维亚 塞浦路斯 爱沙尼亚 立陶宛 蒙古国 斯里兰卡 巴基斯坦 斐济 老挝 文莱 克罗地亚 吉尔吉斯斯坦 柬埔寨 马尔代夫 尼泊尔 马耳他 中国香港 不丹
2013	K1	澳大利亚 越南 日本 中国台湾 巴西 加拿大 印度 中国 泰国 新加坡 美国 墨西哥 马来西亚 菲律宾 韩国 中国香港 印度尼西亚 俄罗斯
	K2	文莱 哈萨克斯坦 希腊
	K3	西班牙 德国 比利时 波兰 英国 丹麦 土耳其 爱尔兰 瑞典 荷兰 挪威 瑞士 法国 奥地利 意大利 芬兰
	K4	罗马尼亚 匈牙利 斯洛伐克共和国 卢森堡 斯洛文尼亚 保加利亚 葡萄牙 捷克共和国
	K5	拉脱维亚 孟加拉国 立陶宛 蒙古国 爱沙尼亚 巴基斯坦 斐济 斯里兰卡 塞浦路斯 克罗地亚 吉尔吉斯斯坦 柬埔寨 马尔代夫 尼泊尔 老挝 马耳他 不丹
2020	L1	澳大利亚 越南 日本 中国台湾 巴西 加拿大 印度 中国 泰国 新加坡 马来西亚 美国 墨西哥 菲律宾 韩国 印度尼西亚
	L2	中国香港 哈萨克斯坦 孟加拉国
	L3	匈牙利 波兰 瑞士 瑞典 奥地利 比利时 英国 德国 丹麦 西班牙 爱尔兰 意大利 捷克共和国 法国 土耳其 斯洛伐克共和国 荷兰 俄罗斯

续表

年份	编号	子群经济体
2020	L4	罗马尼亚　保加利亚　葡萄牙　立陶宛　卢森堡　芬兰　希腊　斯洛文尼亚　挪威
	L5	拉脱维亚　爱沙尼亚　蒙古国　斯里兰卡　巴基斯坦　斐济　塞浦路斯　文莱　克罗地亚　吉尔吉斯斯坦　柬埔寨　马尔代夫　尼泊尔　老挝　马耳他　不丹

资料来源：采用 ADB - MRIO 数据库数据经 UCINET 软件计算所得。

将 2020 年的 L1 与 2000 年的 I2 相比，L1 中新增了许多环太平洋地区经济体，说明这些经济体间形成了比较稳定的贸易联系，贸易的区域特征越来越明显，L3 主要由西欧和北欧经济体组成，与 2000 年的子群划分相比，西欧与北欧经济体越来越倾向于在贸易联系上形成小团体，原因可能是位于这两个区域的经济体无论是在地理位置上还是在经济发展水平上都比较接近，地理位置与经济发展水平的相近性增加了处于这两个区域的经济体间贸易联系的可能性，因此逐渐形成共同的贸易小团体。

通过上述分析可以发现，首先，三类生产网络的边数和网络密度整体上都呈上升态势，说明三类生产网络的参与经济体越来越多，且各经济体间的贸易联系越来越密切；其次，三类生产网络的互惠系数都在 0.45 ~ 0.62 波动，总体数据分布显示三类生产网络均表现出一定互惠性；再次，三类生产网络"核心－边缘"特征明显，且波动幅度较小，一直以来保持着比较稳定的态势，说明三类生产网络中各经济体的核心地位较为稳定；最后，通过分析三类生产网络的凝聚子群可以发现，子群划分区域化特征日趋明显，说明位于同一区域的经济体间更易形成贸易小团体。

第三章

全球主要国家价值链数字化与参与全球生产网络地域特征

第一节
价值链数字化与参与全球生产网络地域特征测度

价值链数字化测度方法有如下两种。（1）直接消耗法，只是直接测度各行业产出中直接消耗的数字产业投入占比，既未考虑间接消耗，也不能识别数字产业与其他产业对各产业投入的相对重要性。（2）直接依赖度，使用直接消耗的数字产业投入与消耗全部中间投入之比，体现数字产业相对于其他中间投入的重要性，但未考虑各产业对中间投入的间接消耗。然而，不一定数字产业所有增加值都源于数字产业，故两个指标都不能识别各产业对数字产业增加值的有效消耗。基于此，参考黄玉霞和谢建国（2019）分别基于完全有效消耗系数的方法计算各产业产出中数字产业增加值投入的占比（绝对占比）与数字产业增加值在所有中间投入中的占比（相对占比），其中，数字产业又分为数字制造业与数字服务业，分别从绝对投入占比与相对投入占比两个层面对各行业产出数字化、数字服务化与数字制造化进行衡量。

同理，参与全球生产网络地域特征也分为绝对全球化和相对全球化、区域化和本土化，其中绝对全球化、区域化和本土化分别用完全有效消耗系数下，产出中源于区域外、区域内和国内的增加值占比衡量；而相对全球化、区域化和本土化分别用中间投入中源于区域外、区域内和国内的增加值占比衡量。

第二节

德国价值链数字化与参与全球生产网络地域特征

一、德国价值链数字化

（一）总体数字化

1. 绝对数字化

如图 3 – 1 所示，在完全有效消耗系数下，德国基础产业、低技术制造业、中高技术制造业、商业服务业和个人与公共服务业 5 个部门以及国家总体的数字化程度均呈逐年下降趋势。数字化程度从高到低依次是中高技术制造业、低技术制造业、商业服务业、基础产业和个人与公共服务业。

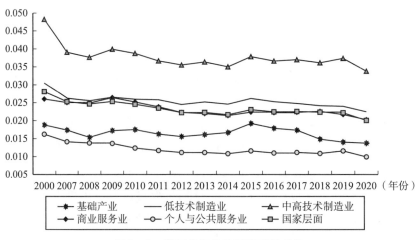

图 3 – 1　德国参与价值链绝对数字化

资料来源：根据 ADB – MRIO 数据计算整理绘制。

2. 相对数字化

如图 3-2 所示，在完全有效消耗系数下，2000～2020 年德国基础产业、低技术制造业、中高技术制造业、商业服务业和个人与公共服务业 5 个部门以及国家总体的相对数字化程度总体呈波动下降趋势。德国相对数字化程度由高到低依次为中高技术制造业、商业服务业、低技术制造业、个人与公共服务业和基础产业。

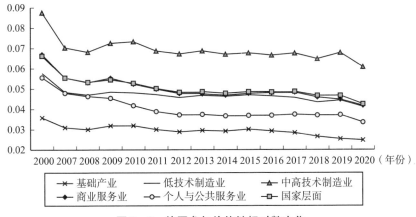

图 3-2　德国参与价值链相对数字化

资料来源：根据 ADB - MRIO 数据计算整理绘制。

（二）数字服务化

1. 绝对数字服务化

如图 3-3 所示，在完全有效消耗系数下，2009～2014 年德国 5 部门以及国家总体数字服务化程度总体呈下降趋势，2014～2016 年有所回升，2016 年之后呈下降趋势。德国 5 部门数字服务化程度从高到低依次为商业服务业、中高技术制造业、低技术制造业、基础产业和个人与公共服务业。

2. 相对数字服务化

如图 3-4 所示，在完全有效消耗系数下，德国 5 部门以及国家总体相对数字服务化水平总体呈下降趋势。德国 5 部门相对数字服务化程度由高到低依次为商业服务业、个人与公共服务业、中高技术制造业、低技术制造业和基础产业。

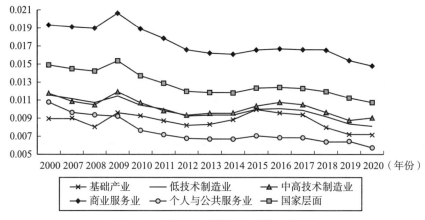

图3-3 德国参与价值链绝对数字服务化

资料来源：根据 ADB - MRIO 数据计算整理绘制。

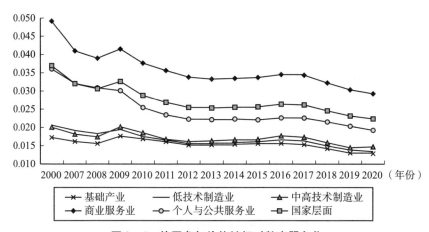

图3-4 德国参与价值链相对数字服务化

资料来源：根据 ADB - MRIO 数据计算整理绘制。

（三）数字制造化

1. 绝对数字制造化

如图3-5所示，在完全有效消耗系数下，德国5部门以及国家总体数字制造化水平总体变化趋势较为平稳，其5部门数字制造化水平由高到低依次为中高技术制造业、低技术制造业、基础产业、商业服务业以及个人与公共服务业。

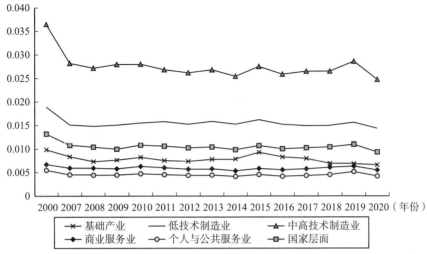

图 3 - 5　德国参与价值链绝对数字制造化

资料来源：根据 ADB - MRIO 数据计算整理绘制。

2. 相对数字制造化

如图 3 - 6 所示，在完全有效消耗系数下，德国 5 部门以及国家相对数字制造化水平总体变化趋势较为平稳。德国中高技术制造业相对数字制造化水平最高，其次是低技术制造业，之后是个人与公共服务业，商业服务业及基础产业均处于较低水平。

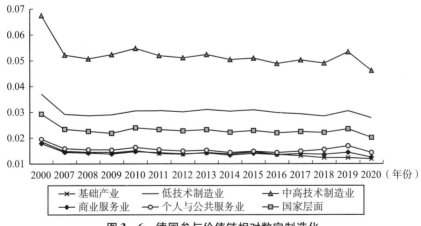

图 3 - 6　德国参与价值链相对数字制造化

资料来源：根据 ADB - MRIO 数据计算整理绘制。

二、德国参与全球生产网络地域特征

（一）参与价值链全球化

1. 绝对全球化

如图 3－7 所示，在完全有效消耗系数下，德国 5 部门以及国家层面在 2009～2018 年全球化上升趋势更为明显。2009 年后，德国全球化程度开始上升的原因可能是世界经济全球化程度逐步加深，各国之间的经济合作增多，贸易联系增强，国际分工进一步深化，使得德国各部门生产源于欧洲区域外的增加值增多。2018 年之后德国全球化程度开始下降，可能是由于贸易保护主义抬头、原来的国际生产分工不断收缩、跨国公司将生产制造环节向国内或区域内收缩所致。

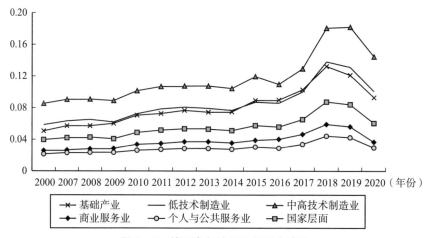

图 3－7　德国参与价值链绝对全球化

资料来源：根据 ADB－MRIO 数据计算整理绘制。

2. 相对全球化

如图 3－8 所示，德国 5 部门中高技术制造业相对全球化水平最高，其次是低技术制造业和基础产业，个人与公共服务业和商业服务业全球化程度最低。2000～2009 年德国 5 部门以及国家总体全球化程度变动较为平缓；2009～2018 年上升趋势明显，表明德国总投入中来源于欧洲区域外的投入占比提高；

2018~2020 年呈下降趋势，表明德国与欧洲区域外的经贸合作有所减少。

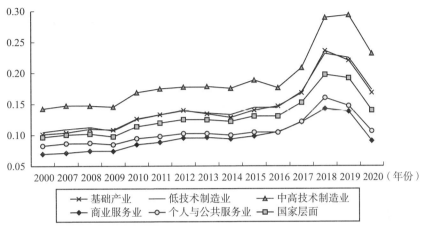

图 3 - 8　德国参与价值链相对全球化

资料来源：根据 ADB - MRIO 数据计算整理绘制。

（二）参与价值链区域化

1. 绝对区域化

如图 3 - 9 所示，德国 5 部门总产出中来源于欧洲区域内国家的投入占比（区域化）由高到低依次为中高技术制造业、低技术制造业、基础产业、商业

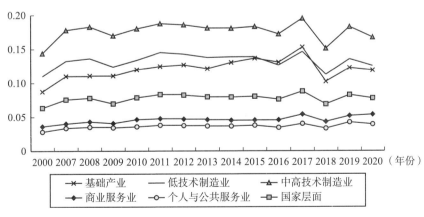

图 3 - 9　德国参与价值链绝对区域化

资料来源：根据 ADB - MRIO 数据计算整理绘制。

服务业和个人与公共服务业。其中2000~2017年德国5部门以及国家总体区域化程度呈上升趋势，2009年出现下降，2017年区域化程度达到最高，2018年又开始下降，之后有所回升。2009年德国区域化程度下降可能由于金融危机之后，欧洲各国经济受到冲击，全球价值链向国内收缩，短期内欧洲区域内为德国提供的各行业增加值减少所致。之后德国区域化程度开始稳定回升，表明欧洲区域国家对德国生产投入逐步增多。2018年德国区域化程度下降，可能是受全球贸易保护主义影响，德国本土化有所提升所致。

2. 相对区域化

由图3-10所示，德国5部门总投入中来源欧洲区域投入的占比（即区域化）由高到低依次为中高技术制造业、低技术制造业、基础产业、个人与公共服务业和商业服务业。其中2000~2017年德国5部门以及国家总体区域化程度呈波动上升趋势，这表明德国与欧洲各国经贸往来以及生产合作密切；2017~2020年呈波动下降趋势。2009年出现大幅下降，这可能是受金融危机影响，短时间内对德国和欧洲区域国家贸易生产合作消极影响较大所致。2018年出现下降趋势，可能更多由于全球贸易保护主义盛行、欧洲经济疲软下行压力大、德国价值链向国内收缩、与欧洲区域内贸易合作减少所致。

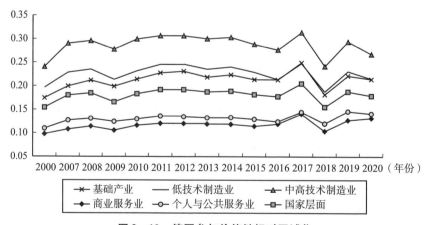

图3-10 德国参与价值链相对区域化

资料来源：根据ADB-MRIO数据计算整理绘制。

（三）参与价值链本土化

1. 绝对本土化

如图 3-11 所示，在完全有效消耗系数下，德国低技术制造业和基础产业本土化程度最高，其次是中高技术制造业，商业服务业次之，最后是个人与公共服务业。2000～2009 年德国本土化程度变化较为平稳，2009～2014 年总体呈下降趋势，这种变化趋势主要由于德国全球化和区域化程度上升所致；2015 年本土化有所回升，可能是德国鼓励制造业回流的战略政策效果显现所致，2015～2019 年呈波动下降趋势，主要因为德国产出中源于区域与全球的增加值占比提高。

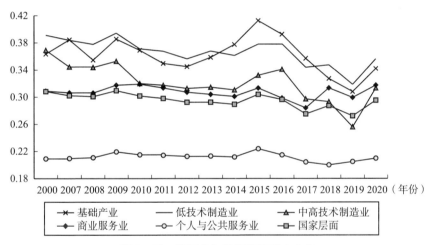

图 3-11　德国参与价值链绝对本土化

资料来源：根据 ADB-MRIO 数据计算整理绘制。

2. 相对本土化

如图 3-12 所示，德国 5 部门中间投入中来源本国投入的占比（即本土化）由高到低依次为商业服务业、个人与公共服务业、基础产业、低技术制造业和中高技术制造业。2000～2019 年德国 5 部门以及国家总体本土化程度呈波动下降趋势，表明德国中间投入中本国投入占比逐渐减少，可能由于德国全球化和区域化程度上升导致。2020 年有所回升，可能因新冠疫情导致价值链中断，价值链更多向国内收缩引致。此外，德国本土化程度最高，其次

是区域化程度较高，最后是全球化程度最低，表明德国总中间投入中主要是
本国投入占绝对比例，其次是来自德国外欧洲区域内的投入占比较高，来源
于欧洲区域外国家的投入最少。

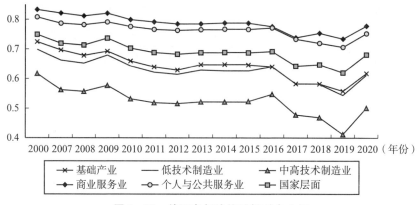

图 3 – 12　德国参与价值链相对本土化

资料来源：根据 ADB – MRIO 数据计算整理绘制。

第三节

美国价值链数字化与参与全球生产网络地域特征

一、美国价值链数字化

（一）总体数字化

1. 绝对数字化

如图 3 – 13 所示，从国家层面看，美国的绝对数字化程度呈下降趋势，但
下降幅度极小。从部门层面看，中高技术制造业数字化程度最高，基础产业最
低。中高技术制造业 2007 年的数字化程度较 2000 年大幅下滑，2007～2020 年
波动下降，波动幅度较小。低技术制造业、商业服务业和个人与公共服务业的
数字化程度在 2007 年下滑幅度较小。基础产业的数字化呈"U"型变化。

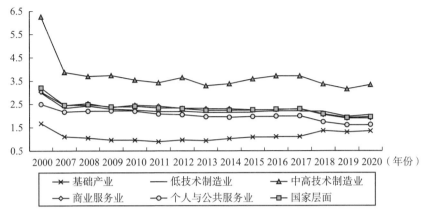

图 3 – 13　美国参与价值链绝对数字化

资料来源：根据 ADB – MRIO 数据计算整理绘制。

2. 相对数字化

如图 3 – 14 所示，从国家层面看，美国的数字化程度呈缓慢下降趋势。从 5 部门层面看，中高技术制造业数字化程度最高，基础产业最低。中高技术制造业 2007 年的数字化程度较 2000 年大幅下滑，2007～2020 年波动下降，波动幅度较小。低技术制造业、商业服务业和个人与公共服务业的数字化程度在 2007 年较小幅度下滑，之后没有太大波动。基础产业的数字化程度总体保持平稳波动状态。

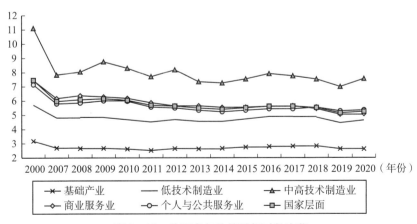

图 3 – 14　美国参与价值链相对数字化

资料来源：根据 ADB – MRIO 数据计算整理绘制。

（二）数字服务化

1. 绝对数字服务化

如图 3 - 15 所示，从国家层面看，美国在 2007 年的数字服务化程度较
2000 年有明显降低，其他年份降速较为缓慢。从 5 部门层面看，商业服务业
数字服务化程度最高，基础产业最低。商业服务业的数字服务化程度呈降低
趋势，2007 年的数字服务化程度较 2000 年有较大幅度降低，个人与公共服务
业 2007 年的数字服务化程度较 2000 年有明显降低，总体呈下降趋势。低技
术制造业和中高技术制造业部门的数字服务化程度变化幅度较小，总体平稳。
基础产业的数字服务化程度呈"U"型变化趋势。

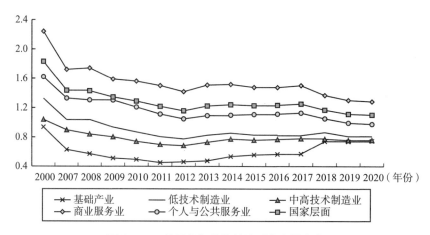

图 3 - 15　美国参与价值链绝对数字服务化

资料来源：根据 ADB - MRIO 数据计算整理绘制。

2. 相对数字服务化

如图 3 - 16 所示，从国家层面看，美国在 2007 年的数字服务化程度较
2000 年有明显降低，其他年份较为稳定。从 5 部门层面看，低技术制造业数
字服务化程度最高，基础产业最低。低技术制造业的数字服务化程度呈波动
下降趋势，波动幅度较小。商业服务业、个人与公共服务业和中高技术制造
业的数字服务化程度呈降低趋势，2007 年的数字服务化程度较 2000 年有较大
幅度下降，其他年份较为平缓。基础产业的数字服务化程度呈"U"型变化

趋势,但变化幅度很小。

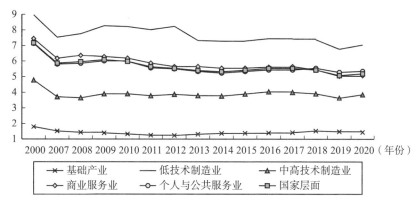

图3-16 美国参与价值链相对数字服务化

资料来源:根据 ADB-MRIO 数据计算整理绘制。

(三) 数字制造化

1. 绝对数字制造化

如图3-17所示,从国家层面看,美国的数字制造化程度呈下降趋势,下降趋势较为平缓。从5部门层面看,中高技术制造业数字制造化程度最高,

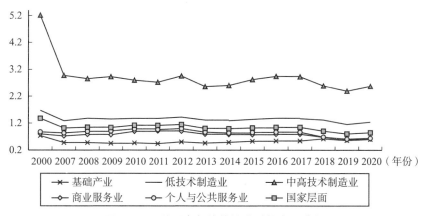

图3-17 美国参与价值链绝对数字制造化

资料来源:根据 ADB-MRIO 数据计算整理绘制。

基础产业最低。中高技术制造业 2007 年的数字制造化程度较 2000 年大幅下滑，2007～2020 年波动下降，波动幅度较小。低技术制造业、个人与公共服务业和商业服务业的数字制造化程度变化幅度较小，但有下降趋势。基础产业的数字制造化程度明显低于其他部门，呈"U"型变化趋势。

2. 相对数字制造化

如图 3－18 所示，从国家层面看，美国的数字制造化程度呈下降趋势，但下降幅度极小。从部门层面看，中高技术制造业数字制造化程度最高，基础产业最低。中高技术制造业 2007 年的数字制造化程度较 2000 年大幅下滑，2007～2020 年波动下降，波动幅度较小。基础产业的数字制造化程度变化幅度极小，基本平稳。个人与公共服务业的数字制造化程度几乎为 0。

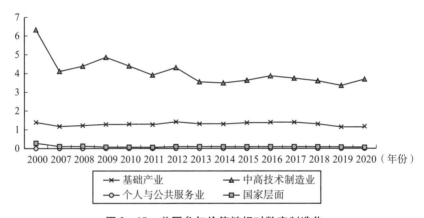

图 3－18　美国参与价值链相对数字制造化

资料来源：根据 ADB－MRIO 数据计算整理绘制。

二、美国参与全球生产网络地域特征

（一）全球化

1. 绝对全球化

如图 3－19 所示，从国家层面看，美国全球化程度波动幅度较小。从 5 部门层面看，中高技术制造业全球化程度最高，且波动幅度较大，商业服务业最低。基础产业的全球化程度呈波动下降趋势，总体下降程度较大。低技术制造业、商业服务业和个人与公共服务业波动幅度较小。

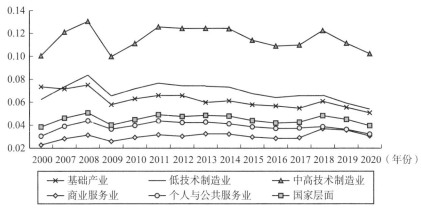

图 3 – 19　美国参与价值链绝对全球化

资料来源：根据 ADB – MRIO 数据计算整理绘制。

2. 相对全球化

如图 3 – 20 所示，从国家层面看，美国的全球化程度呈波动上升趋势，2018 年上升幅度较大，其他年份较为平缓，全球化程度最高的年份是 2018 年，达到了 14.94%。从 5 部门层面看，中高技术制造业全球化程度最高，商业服务业最低。中高技术制造业的全球化程度在 2009 ~ 2017 年呈倒"U"型趋势，变化幅度较小。基础产业的全球化程度在 2008 年最高，达到了 20.02%，2008 年之后呈下降趋势，2020 年降至 9.66%。低技术制造业的全球化程度呈先上升后波动下降的趋势，2011 年的全球化程度最高达到了 15.8%，但变化幅度较小。个人与公共服务业的全球化程度在 2000 ~ 2017 年缓慢上升，2018 年大幅升高，达到了 23.23%，但接下来两年连续下降。商业服务业的全球化程度呈波动上升趋势，2018 年的全球化程度最高，达到了 14.94%，但变化幅度较小。

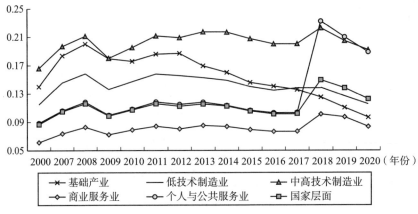

图 3 - 20 美国参与价值链相对全球化

资料来源：根据 ADB - MRIO 数据计算整理绘制。

（二）区域化

1. 绝对区域化

如图 3 - 21 所示，从国家层面看，美国区域化程度波动幅度较小。从 5 部门层面看，中高技术制造业区域化程度最高，2000 ~ 2011 年波动上升，2013 ~ 2020 年波动下降。商业服务业区域化程度最低，基础产业和低技术制造业的区域化程度呈波动下降趋势。商业服务业和个人与公共服务业的区域化程度波动幅度较小，总体较平稳。

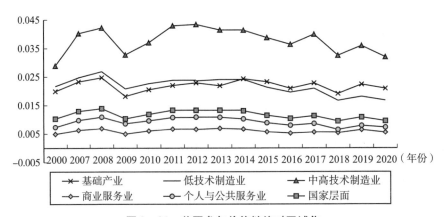

图 3 - 21 美国参与价值链绝对区域化

资料来源：根据 ADB - MRIO 数据计算整理绘制。

2. 相对区域化

如图 3 - 22 所示，从全国层面看，美国的区域化程度呈波动上升趋势，上升速度缓慢，2019 年的区域化程度最高，达到了 3.23%。从 5 部门层面看，中高技术制造业区域化程度最高，商业服务业最低。中高技术制造业的区域化程度呈"U"型变化趋势，波动幅度较大，2012 年区域化程度最高，达到了 6.9%。基础产业的区域化程度在 2007 年和 2008 年连续较快上升，2008 ~ 2017 年无明显变化，2018 年大幅下降。低技术产业的区域化程度在 2000 ~ 2017 年基本平稳，2018 年出现较小幅度下降。个人与公共服务业的区域化程度在 2000 ~ 2017 年无明显变化，2018 年和 2019 年连续快速增长，达到 4.88%。商业服务业的区域化程度呈上升趋势，但变化幅度很小。

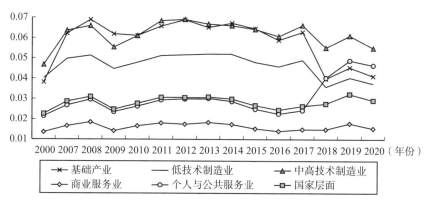

图 3 - 22　美国参与价值链相对区域化

资料来源：根据 ADB - MRIO 数据计算整理绘制。

（三）本土化

1. 绝对本土化

如图 3 - 23 所示，从国家层面看，美国本土化程度呈波动下降态势。从 5 部门层面看，中高技术制造业本土化程度最高，基础产业最低。中高技术制造业和低技术制造业的本土化程度呈小幅波动下降趋势。基础产业的本土化程度呈"U"型变化趋势，2007 年和 2018 年变化幅度较大。商业服务业的本土化程度波动幅度较小，较为平稳。个人与公共服务业在 2000 ~ 2017 年保持平稳，但 2017 年有较大幅度下降。

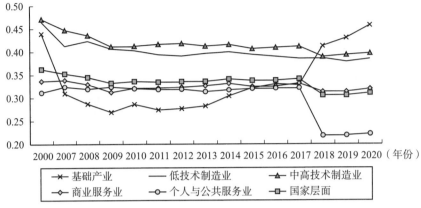

图 3 - 23 美国参与价值链绝对本土化

资料来源：根据 ADB - MRIO 数据计算整理绘制。

2. 相对本土化

如图 3 -24 所示，从国家层面看，美国的本土化程度呈波动下降趋势，2018 年下降幅度最大，本土化程度在 85% ~89%。从 5 部门层面看，商业服务业本土化程度最高，中高技术制造业最低。商业服务业呈小幅下降趋势。个人与公共服务业在 2000 ~2017 年无明显变化，2018 年大幅降至 72.3%。低技术制造业呈"U"型变化趋势，但变化幅度很小。基础产业呈"U"型变化趋势，变

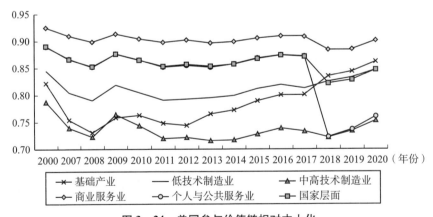

图 3 -24 美国参与价值链相对本土化

资料来源：根据 ADB - MRIO 数据计算整理绘制。

化幅度较大，2012 年本土化程度最低，为 74.42%。中高技术制造业的本土化程度也呈"U"型变化趋势，变化幅度较大，2013 年本土化程度最低为 71.6%。

第四节
日本价值链数字化与参与全球生产网络地域特征

一、日本价值链数字化

（一）总体数字化

1. 绝对数字化

图 3-25 为完全有效消耗系数下日本参与 GVC 绝对数字化统计图，日本数字化发展水平变动趋势很小，基本保持平稳状态，2017~2019 年有稍许上升。日本 5 部门中，数字化发展水平较高的是中高技术制造业，其次是商业服务业、低技术制造业和个人与公共服务业，基础产业的数字化水平最低。从变化趋势来看，中高技术制造业参与 GVC 的数字化水平呈下降趋势，商业服务业总体呈上升趋势，而其他部门的数字化发展水平基本保持平稳。

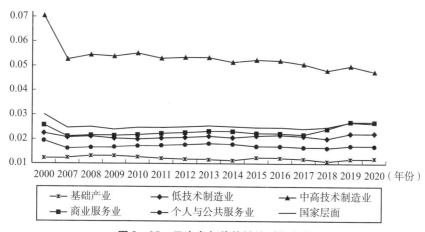

图 3-25　日本参与价值链绝对数字化

资料来源：根据 ADB - MRIO 数据计算整理绘制。

2. 相对数字化

如图 3 - 26 所示，完全有效消耗系数下，日本数字化水平由高到低依次是中高技术制造业、商业服务业、个人与公共服务业、低技术制造业和基础产业。从变化趋势上看，日本中高技术制造业的数字化水平在不断下降，而商业服务业的数字化水平有所提升，个人与公共服务业、低技术制造业和基础产业的数字化发展水平整体保持平稳。

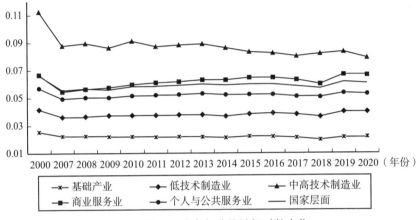

图 3 - 26　日本参与价值链相对数字化

资料来源：根据 ADB - MRIO 数据计算整理绘制。

（二）数字服务化

1. 绝对数字服务化

如图 3 - 27 所示，日本参与 GVC 数字服务化水平由高到低依次是商业服务业、低技术制造业、中高技术制造业、个人与公共服务业和基础产业。从变化趋势来看，商业服务业、低技术制造业和整个国家参与全球价值链的数字服务化水平总体在上升，2017 年上升幅度更大；基础产业和个人与公共服务业在 2017 年也有所提升；中高技术制造业的变化趋势不太明显。

2. 相对数字服务化

如图 3 - 28 所示，商业服务业最高，其次是个人与公共服务业、低技术制造业、中高技术制造业和基础产业。从变化趋势上看，服务业呈上升趋势，制造业在 2015 年后也在逐渐上升，基础产业整体保持平稳水平。

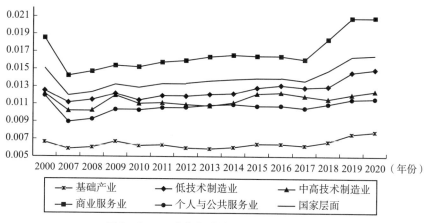

图 3 - 27　日本参与价值链绝对数字服务化

资料来源：根据 ADB - MRIO 数据计算整理绘制。

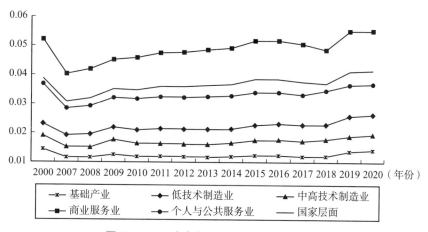

图 3 - 28　日本参与价值链相对数字服务化

资料来源：根据 ADB - MRIO 数据计算整理绘制。

（三）数字制造化

1. 绝对数字制造化

如图 3 - 29 所示，在完全有效消耗系数下，中高技术制造业参与 GVC 数字制造化程度最高，其次是商业服务业和低技术制造业，两者基本重合，个人与公共服务业和基础产业数字制造化程度较低。从变化趋势来看，中高技术制造业参与 GVC 数字制造化程度呈下降趋势，其他 4 部门及国家层面的数字制造化程度保持平稳。

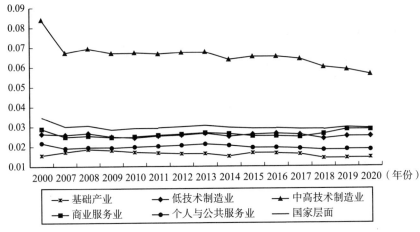

图 3 - 29   日本参与价值链绝对数字制造化

资料来源：根据 ADB - MRIO 数据计算整理绘制。

2. 相对数字制造化

图 3 - 30 为完全有效消耗系数下日本 5 部门及整个国家在参与全球价值链中的相对数字制造化程度统计图。其中中高技术制造业在 5 部门中的数字

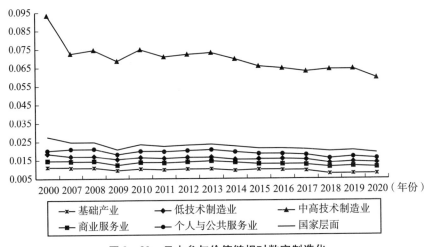

图 3 - 30   日本参与价值链相对数字制造化

资料来源：根据 ADB - MRIO 数据计算整理绘制。

制造化水平最高并呈下降趋势，其次是个人与公共服务业、低技术制造业和商业服务业，基础产业最低；除了中高技术中制造业，其余 4 部门及整个国家参与 GVC 的数字制造化程度保持平稳状态，基本没有太大波动。

二、日本参与全球生产网络地域特征

（一）全球化

1. 绝对全球化

如图 3-31 所示，从国家层面来看，日本在参与 GVC 过程中的全球化程度整体呈倒"U"型变化趋势，2014 年为转折点。日本 5 部门中参与全球价值链全球化程度最高的是中高技术制造业，可能是由于中高技术制造业全球分工程度更大。其次为基础产业，可能是由于日本资源匮乏，很多行业生产所需的能源需要从国外进口，对国外资源的依赖性相对较强；而个人与公共服务业和商业服务业因其自身属性的原因，参与全球价值链全球化程度较低。从变化趋势来看，除了商业服务业频繁小幅波动外，基础产业、低技术制造业、中高技术制造业、个人与公共服务业 4 部门全球化总体均呈倒"U"型变化趋势。

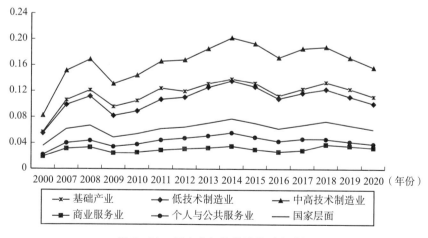

图 3-31　日本参与价值链绝对全球化

资料来源：根据 ADB-MRIO 数据计算整理绘制。

2. 相对全球化

如图 3 – 32 所示，日本 5 部门参与 GVC 相对全球化由高到低依次为中高技术制造业、基础产业、低技术制造业、个人与公共服务业和商业服务业，总体来看各部门 2014 年全球化程度最高，随后出现下降，逐渐上升到 2018 年后又不断下降。

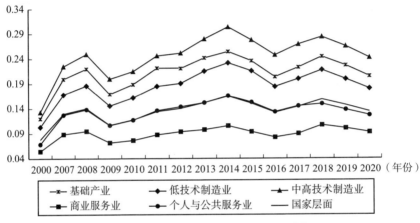

图 3 – 32　日本参与价值链相对全球化

资料来源：根据 ADB – MRIO 数据计算整理绘制。

（二）区域化

1. 绝对区域化

如图 3 – 33 所示，在完全有效消耗系数下，日本 5 部门与国家总体参与 GVC 区域化程度由高到低依次是中高技术制造业、低技术制造业、基础产业、国家层面、个人与公共服务业和商业服务业。且日本整个国家与其 5 部门在参与全球价值链中的区域化程度均呈倒“U”型，2014 年价值链区域化程度最高。

2. 相对区域化

如图 3 – 34 所示，在完全有效消耗系数下，日本 5 部门与国家总体参与 GVC 相对区域化程度由高到低依次是中高技术制造业、低技术制造业、基础产业、国家层面、个人与公共服务业和商业服务业。且日本整个国家与其 5 部门在参与全球价值链中的区域化程度均呈倒“U”型，2014 年价值链区域化程度最高，之后在波动中下降。

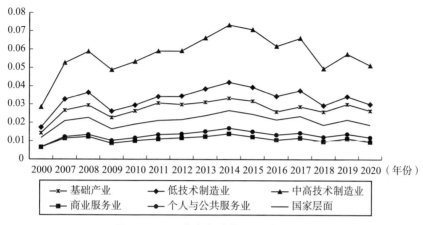

图 3 - 33 日本参与价值链绝对区域化

资料来源：根据 ADB - MRIO 数据计算整理绘制。

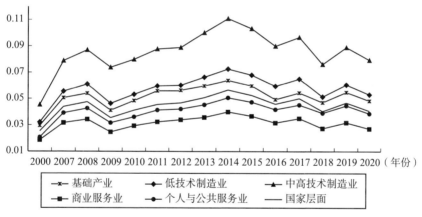

图 3 - 34 日本参与价值链相对区域化

资料来源：根据 ADB - MRIO 数据计算整理绘制。

（三）本土化

1. 绝对本土化

如图 3 - 35 所示，在完全有效消耗系数下，日本参与 GVC 本土化程度整体仍呈"U"型变化趋势。参与价值链本土化程度较高的为制造业，且中高技术制造业要略高于低技术制造业，但是在 2018 年后低技术制造业超过了中高技术制造业，但整体相差不大。从变化趋势来看，制造业和基础产业参与

61

全球价值链的本土化程度总体仍呈"U"型变化趋势,但在2016~2018年制造业价值链本土化程度有所下降;商业服务业在2017年有小幅提升之后趋于平稳;个人与公共服务业总体保持平稳,没有明显变化。

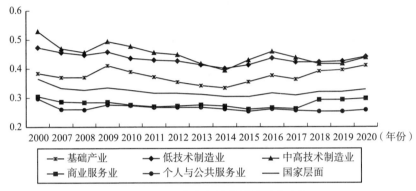

图3-35 日本参与价值链绝对本土化

资料来源:根据 ADB-MRIO 数据计算整理绘制。

2. 相对本土化

如图3-36所示,在完全有效消耗系数下,日本国家层面与5部门参与GVC相对本土化程度整体呈"U"型变化趋势,2014年本土化程度最低,

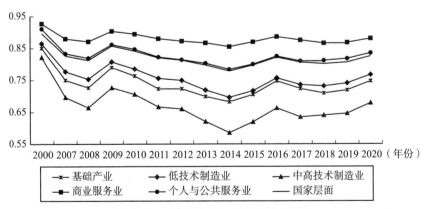

图3-36 日本参与价值链相对本土化

资料来源:根据 ADB-MRIO 数据计算整理绘制。

2014 年后在波动中提升。参与价值链本土化程度最高的为商业服务业，其次分别为个人与公共服务业和国家层面、低技术制造业、基础产业，中高技术制造业最低。

第五节

韩国价值链数字化与参与全球生产网络地域特征

一、韩国价值链数字化

（一）总体数字化

1. 绝对数字化

如图 3 - 37 所示，完全有效消耗系数下，中高技术制造业价值链数字化程度最高，在 2011~2017 年呈上升趋势，2017 年后有所下降。其次是低技术制造业、商业服务业和个人与公共服务业，这 3 个部门在 2016 年前变化趋势较为平稳，2016 年后呈缓慢上升趋势。基础产业数字化程度最低，但在波动中不断提升。国家层面数字化程度在 2011~2017 年呈上升趋势，2017 年后有所下降。

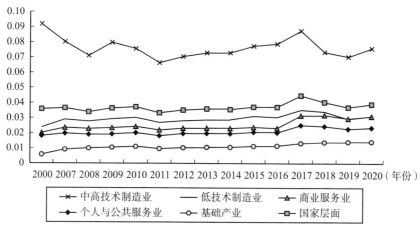

图 3 - 37　韩国参与价值链绝对数字化

资料来源：根据 ADB - MRIO 数据计算整理绘制。

2. 相对数字化

如图 3 - 38 所示，在完全有效消耗系数下，韩国低技术制造业数字化程度最高，2011 ~ 2020 年为上升趋势。其次是个人公共服务业，整体呈下降趋势。商业服务业和中高技术制造业变化趋势基本一致，在 2011 ~ 2017 整体呈上升趋势，2017 年后有所下降。基础产业数字化程度最低。国家层面数字化程度在 2000 ~ 2011 年有所下降，在 2011 ~ 2020 年有所上升。

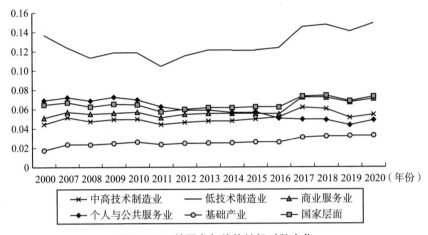

图 3 - 38　韩国参与价值链相对数字化

资料来源：根据 ADB - MRIO 数据计算整理绘制。

（二）数字服务化

1. 绝对数字服务化

如图 3 - 39 所示，完全有效消耗系数下，商业服务业的数字服务化程度最高，在 2000 ~ 2016 年呈下降趋势，在 2016 ~ 2020 年呈大幅度上升趋势。国家层面的数字化服务程度和商业服务业的变化趋势相似。中高技术制造业、低技术制造业和个人与公共服务业在 2000 ~ 2013 年缓慢下降，在 2013 ~ 2020 年缓慢上升。基础产业的数字化服务程度最低，在 2000 ~ 2020 年呈上升趋势。

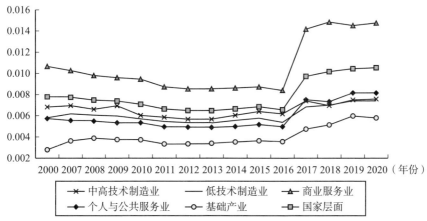

图3-39　韩国参与价值链绝对数字服务化

资料来源：根据ADB-MRIO数据计算整理绘制。

2. 相对数字服务化

如图3-40所示，完全有效消耗系数下，韩国个人与公共服务业数字服务化程度最高，在2000~2020年呈现下降趋势。国家层面的数字服务化程度在2000~2016年呈下降趋势，在2016~2020年呈上升趋势。其中商业服务业在2016~2020年上升趋势明显。中高技术制造业、低技术制造业和基础产业数字服务化程度依次降低，在2016年后有缓慢上升趋势。

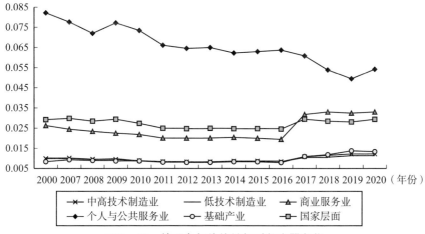

图3-40　韩国参与价值链相对数字服务化

资料来源：根据ADB-MRIO数据计算整理绘制。

（三）数字制造化

1. 绝对数字制造化

如图 3 - 41 所示，完全有效消耗系数下，韩国中高技术制造业数字制造化程度最高，在 2011 ～ 2017 年呈上升趋势，在 2017 ～ 2019 年有所下降。低技术制造业、商业服务业和个人与公共服务业在 2000 ～ 2017 年缓慢上升，在 2017 年后有所下降。基础产业数字制造化程度最低，在 2000 ～ 2020 年呈缓慢上升趋势。国家层面数字制造化程度在 2008 ～ 2017 年整体呈缓慢上升趋势，在 2017 年后有所下降。

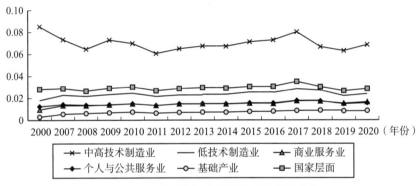

图 3 - 41　韩国参与价值链绝对数字制造化

资料来源：根据 ADB - MRIO 数据计算整理绘制。

2. 相对数字制造化

如图 3 - 42 所示，完全有效消耗系数下，韩国低技术制造业数字制造化程度最高，在 2008 ～ 2020 年整体呈上升趋势。个人与公共服务业数字制造化程度次之，在 2008 ～ 2016 年呈下降趋势，2016 年后有所上升。中高技术制造业和商业服务业数字制造化程度在 2000 ～ 2017 年缓慢上升，2017 年后有所下降。国家层面数字制造化程度在 2011 ～ 2017 年有所上升。基础产业数字制造化程度最低且逐年变化趋势不明显。

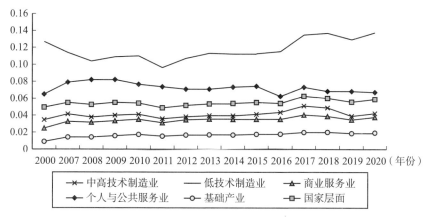

图 3 – 42　韩国参与价值链相对数字制造化

资料来源：根据 ADB – MRIO 数据计算整理绘制。

二、韩国参与全球生产网络地域特征

（一）全球化

1. 绝对全球化

如图 3 – 43 所示，韩国低技术制造业和中高技术制造业全球化程度在 2000～2011 年呈上升趋势，在 2011～2020 年整体呈下降趋势。基础产业在 2000～2012 年呈缓慢上升趋势，在 2012～2020 年整体呈下降趋势。商业服务业和个人与公共服务业的全球化程度最低，变化趋势相对平稳。国家层面的全球化程度在 2000～2012 年呈上升趋势，在 2012～2020 年呈下降趋势。

2. 相对全球化

如图 3 – 44 所示，完全有效消耗系数下，韩国低技术制造业全球化程度最高，在 2000～2011 年呈上升趋势，在 2011～2020 年呈下降趋势。中高技术制造业全球化程度在 2000～2011 年呈上升趋势，在 2011～2016 年下降，在 2016～2017 年上升后又有所下降。基础产业、个人与公共服务业和商业服务业全球化程度依次降低，在 2000～2012 年呈上升趋势，在 2012 年后有所下降；国家层面全球化程度同样在 2000～2012 年呈上升趋势，在 2012 年后有所下降。

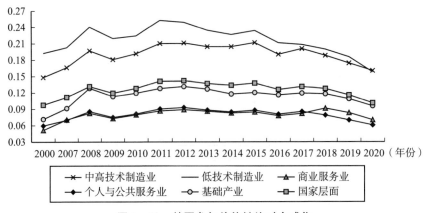

图 3 – 43　韩国参与价值链绝对全球化

资料来源：根据 ADB – MRIO 数据计算整理绘制。

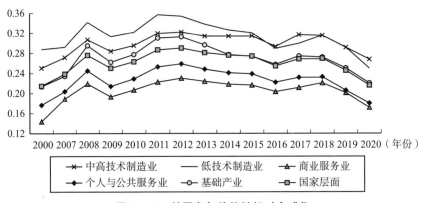

图 3 – 44　韩国参与价值链相对全球化

资料来源：根据 ADB – MRIO 数据计算整理绘制。

（二）区域化

1. 绝对区域化

如图 3 – 45 所示，完全有效消耗系数下，韩国低技术制造业区域化程度最高，在 2008 ~ 2018 年呈下降趋势。其次是中高技术制造业和基础产业，2008 ~ 2018 年呈下降趋势。商业服务业和个人与公共服务业区域化程度最低，变化趋势不明显。国家层面的区域化程度在 2011 ~ 2018 年呈下降趋势，2018 ~ 2020 年有所上升。

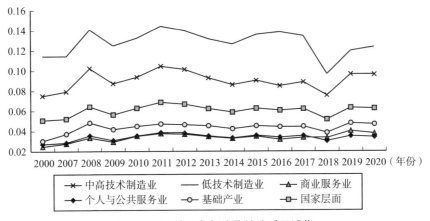

图 3 - 45　韩国参与价值链绝对区域化

资料来源：根据 ADB - MRIO 数据计算整理绘制。

2. 相对区域化

如图 3 - 46 所示，完全有效消耗系数下，韩国低技术制造业与中高技术制造业区域化程度相对较高，在 2011 ~ 2014 年下降，2014 ~ 2017 年上升，2017 ~ 2018 年下降后又有所上升。基础产业、个人与公共服务业和商业服务业区域化程度在 2000 ~ 2011 年上升，在 2011 ~ 2018 年下降，在 2018 年后又有所上升。国家层面区域化程度同样在 2000 ~ 2011 年上升，在 2011 ~ 2018 年下降，在 2018 年后又有所上升。

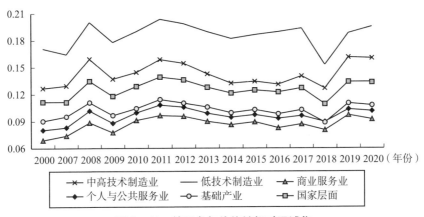

图 3 - 46　韩国参与价值链相对区域化

资料来源：根据 ADB - MRIO 数据计算整理绘制。

（三）本土化

1. 绝对本土化

如图 3 - 47 所示，完全有效消耗系数下，韩国中高技术制造业本土化程度最高，在 2000 ~ 2011 年呈下降趋势，在 2011 ~ 2016 年呈上升趋势，在 2016 年后又有所下降。其次是低技术制造业，在 2011 ~ 2016 年为上升趋势。商业服务业本土化程度在 2009 ~ 2012 年缓慢下降，在 2012 ~ 2020 年有所上升。基础产业本土化程度在 2009 ~ 2011 年下降，在 2011 ~ 2016 年上升，在 2016 年后又有所下降。个人与公共服务业的本土化程度最低，变化趋势不明显。国家层面的本土化程度在 2011 ~ 2016 年呈上升趋势。

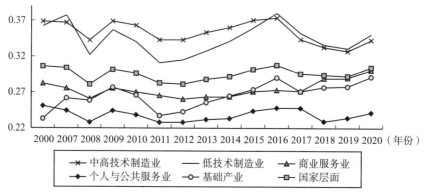

图 3 - 47　韩国参与价值链绝对本土化

资料来源：根据 ADB - MRIO 数据计算整理绘制。

2. 相对本土化

如图 3 - 48 所示，在完全有效消耗系数下，韩国商业服务业本土化程度最高，个人与公共服务业、基础产业、中高技术制造业和低技术制造业本土化程度依次降低，在 2000 ~ 2011 年呈下降趋势，在 2011 ~ 2020 年呈缓慢上升趋势。国家层面本土化程度与其他部门变化趋势基本一致。

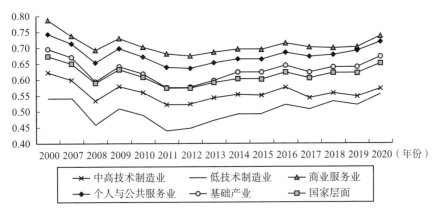

图 3 - 48　韩国参与价值链相对本土化

资料来源：根据 ADB - MRIO 数据计算整理绘制。

第四章

中国价值链数字化、参与生产网络地域特征与分工地位

第一节
中国价值链数字化

基于完全有效消耗系数，分别用中国各产业产出（中间投入）中源于数字产业、数字服务业、数字制造业及数字产业与高端制造业的增加值投入占比，衡量各产业的绝对（相对）数字化、数字服务化、数字制造化与智能化水平。

一、总体数字化

（一）绝对数字化

如图 4-1 所示，完全有效消耗系数下，中国 5 部门和国家层面的数字化中，中高技术制造业最高，且高于国家层面；其次为个人与公共服务业，与国家层面的数字化程度相近；之后依次为商业服务业、低技术制造业和基础产业。从变动趋势来看，2000~2009 年中国 5 部门和国家层面均呈倒 "U" 型变动趋势；2009 年后中高技术制造业总体呈波动上升趋势，个人与公共

服务业和国家层面的变动有小幅下降趋势，商业服务业、基础产业呈下降趋势。

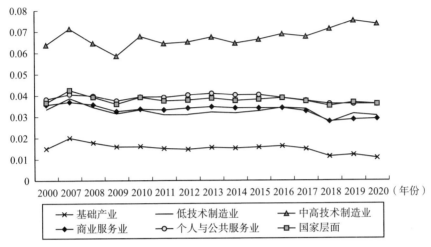

图4-1　中国参与价值链绝对数字化

资料来源：根据 ADB - MRIO 数据计算整理绘制。

（二）相对数字化

如图4-2所示，完全有效消耗系数下，2017年之前，个人与公共服务业的数字化水平最高，其次是中高技术制造业和商业服务业，且二者的数字化水平相近；2017年之后，中高技术制造业的数字化水平最高，其次是个人与公共服务业、商业服务业；低技术制造业的数字化水平较低，波动幅度较小；基础产业的数字化水平最低，且总体呈下降趋势。个人与公共服务业、中高技术制造业、商业服务业的数字化水平高于国家层面，低技术制造业和基础产业低于国家层面。国家层面的数字化水平在2000~2009年呈倒"V"型变动趋势，在2009~2017年大致在0.065附近波动，在2017年后呈先下降后上升的趋势。

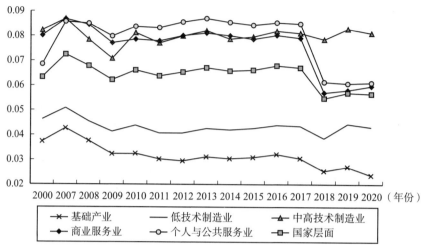

图4-2　中国参与价值链相对数字化

资料来源：根据 ADB - MRIO 数据计算整理绘制。

二、数字服务化

（一）绝对数字服务化

如图4-3所示，完全有效消耗系数下，从数值大小来看，依次为个人与

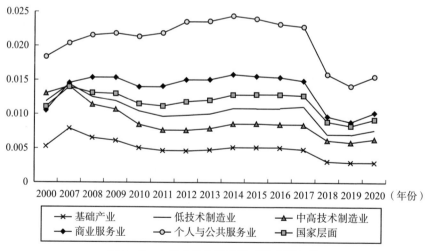

图4-3　中国参与价值链绝对数字服务化

资料来源：根据 ADB - MRIO 数据计算整理绘制。

公共服务业、商业服务业、国家层面、低技术制造业、中高技术制造业和基础产业。从变动趋势来看，个人与公共服务业在 2017 年之前总体上呈上升趋势，在 2017 年之后呈"U"型变动趋势；商业服务业、国家层面在 2017 年之前较为平缓，在 2017 年之后呈"U"型变动趋势；中高技术制造业和基础产业总体呈下降趋势。

（二）相对数字服务化

如图 4-4 所示，完全有效消耗系数下，中国数字服务化从数值大小来看，依次为个人与公共服务业、商业服务业、国家层面、低技术制造业、中高技术制造业和基础产业。从变动趋势来看，个人与公共服务业、商业服务业、国家层面在 2000~2007 年呈上升趋势，但变动趋势较为平缓，2017 年之后呈"U"型变动趋势；低技术制造业总体呈下降趋势，但波动幅度较大；中高技术制造业和基础产业总体呈下降趋势。

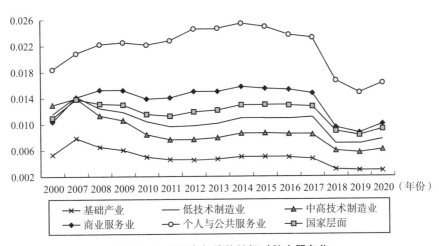

图 4-4　中国参与价值链相对数字服务化

资料来源：根据 ADB-MRIO 数据计算整理绘制。

三、数字制造化

（一）绝对数字制造化

如图 4-5 所示，完全有效消耗系数下，中国绝对数字制造化从数值大小来看，中高技术制造业最高，高于国家层面水平；之后依次为低技术制造业、商业服务业、个人与公共服务业和基础产业。从变动趋势来看，中高技术制造业总体呈上升趋势。国家层面、低技术制造业、商业服务业的变动较为平缓；个人与公共服务业在2017年之前变动较为平缓，在2017年之后呈倒"U"型变动趋势；基础产业的变动较为平缓，在2017年之后呈下降趋势。

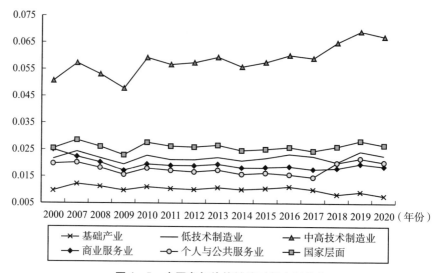

图 4 - 5　中国参与价值链绝对数字制造化

资料来源：根据 ADB - MRIO 数据计算整理绘制。

（二）相对数字制造化

如图 4 - 6 所示，完全有效消耗系数下，中国相对数字制造化从数值大小来看，中高技术制造业最高，高于国家层面；之后依次为低技术制造业、个人与公共服务业、商业服务业、基础产业。从变动趋势来看，中高技术制造业总体呈波动上升趋势；国家层面变动较为平缓；低技术制造业总体呈小幅波动上升趋势；个人与公共服务业、商业服务业在2017年之前总体变动较为平缓，在2017年之后呈倒"U"型趋势；基础产业总体变动较为平缓，在1%附近波动。

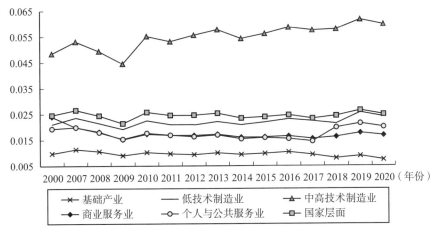

图 4－6　中国参与价值链相对数字制造化

资料来源：根据 ADB－MRIO 数据计算整理绘制。

四、智能化

（一）绝对智能化

如图 4－7 所示，完全有效消耗系数下的中国绝对智能化从数值上看，中高技术制造业最高，高于国家层面；其次为个人与公共服务业、低技术制造业、商业服务业和基础产业。从变动趋势来看，中高技术制造业总体围绕 9% 上下

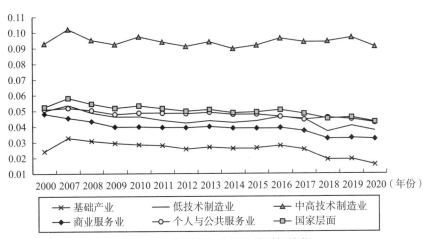

图 4－7　中国参与价值链绝对智能化

资料来源：根据 ADB－MRIO 数据计算整理绘制。

波动；国家层面总体有小幅下降趋势；个人与公共服务业变动较为平缓；低技术制造业、商业服务业总体有小幅下降趋势；基础产业总体呈倒"U"型变动趋势。

（二）相对智能化

如图4-8所示，完全有效消耗系数下的中国相对智能化从数值上看，中高技术制造业最高，其次为个人与公共服务业和商业服务业，且三者均高于国家层面；最后为低技术制造业和基础产业。从变动趋势来看，中高技术制造业总体呈波动下降的趋势；个人与公共服务业在2000~2007年呈上升趋势，2007~2017年总体变动较为平缓，在2017年之后呈下降趋势；商业服务业总体呈下降趋势；低技术制造业变动较为平缓；基础产业变动总体呈下降趋势。

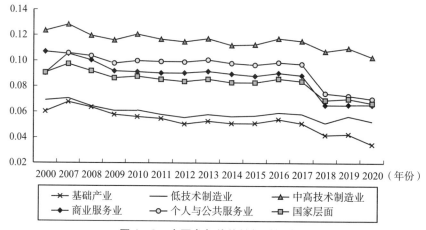

图4-8 中国参与价值链相对智能化

资料来源：根据 ADB - MRIO 数据计算整理绘制。

第二节
中国参与生产网络地域特征演变

一、参与价值链全球化

（一）绝对全球化

如图4-9所示，完全有效消耗系数下中国5部门的价值链全球化中，中高技术制造业最高，其次是低技术制造业，之后是基础产业、个人与公共服务业，其中在 2009～2017 年基础产业高于个人与公共服务业，其余年份前者均低于后者。商业服务业的价值链全球化程度最低。从变动趋势来看，在 2007 年之前，中国 5 部门的价值链全球化呈上升趋势；在 2018 年之后为下降趋势；在其余年份，中高技术制造业、低技术制造业、个人与公共服务业和商业服务业的变动趋势总体上均呈"W"型趋势；基础产业总体上呈"M"型趋势。国家层面的价值链全球化在 2000～2009 年呈倒"U"型变动趋势，在 2009 年之后呈"M"型变动趋势，中高技术制造业和低技术制造业的价值链全球化高于国家层面。

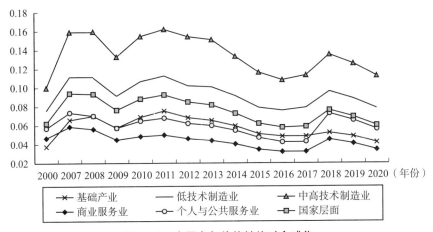

图 4 - 9　中国参与价值链绝对全球化

资料来源：根据 ADB - MRIO 数据计算整理绘制。

（二）相对全球化

如图 4 - 10 所示，中国 5 部门和国家层面的价值链全球化相对指标中，中高技术制造业最高，高于国家层面；其次为基础产业，且与国家层面相近；之后依次为低技术制造业、个人与公共服务业和商业服务业。从变动趋势来看，2000～2009 年，中国 5 部门和国家层面的变动总体均呈先上升后下降的倒"U"型趋势；2009～2018 年，中国 5 部门和国家层面的变动总体均呈"N"型趋势；2018 年，中国 5 部门和国家层面的变动总体均呈下降趋势。

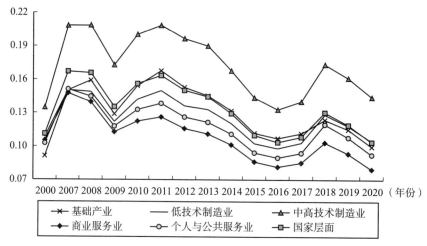

图 4 – 10 中国参与价值链相对全球化

资料来源：根据 ADB – MRIO 数据计算整理绘制。

二、参与价值链区域化

（一）绝对区域化

如图 4 – 11 所示，中高技术制造业的区域化程度高于其他产业，且总体变动趋势呈"U"型；其次分别是低技术制造业和个人与公共服务业，二者的

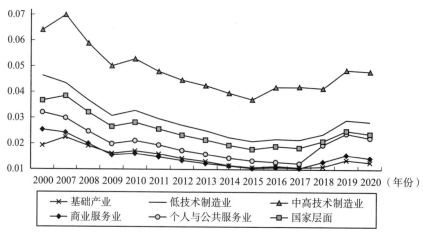

图 4 – 11 中国参与价值链绝对区域化

资料来源：根据 ADB – MRIO 数据计算整理绘制。

变动趋势相近，总体都呈"U"型趋势；商业服务业和基础产业的区域化程度较低，波动幅度较小，变动趋势相近，呈先下降后上升的状态。国家层面的价值链区域化2000~2009年呈倒"U"型变动趋势；在2009年后总体呈先下降后上升的趋势，中高技术制造业、低技术制造业的价值链区域化高于国家层面。

（二）相对区域化

如图4-12所示，中国5部门和国家层面的价值链区域化相对指标中，中高技术制造业最高，且高于国家层面；其余部门均低于国家层面；商业服务业、个人与公共服务业和低技术制造业相近，基础产业最低。从变动趋势来看，2000~2009年中高技术制造业、国家层面、商业服务业、个人与公共服务业和基础产业呈倒"U"型变化趋势，低技术制造业呈下降趋势；2009年之后，中国5部门和国家层面的区域化程度总体上均呈先下降后上升的趋势。

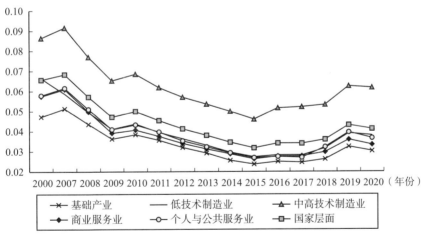

图4-12 中国参与价值链相对区域化

资料来源：根据 ADB-MRIO 数据计算整理绘制。

三、参与价值链本土化

（一）绝对本土化

如图 4 - 13 所示，完全有效消耗系数下，低技术制造业的价值链本土化程度最高，中高技术制造业较高，之后依次为个人与公共服务业、基础产业和商业服务业。从变动趋势上看，低技术制造业、中高技术制造业和基础产业的变动趋势相近，总体呈"N"型变化趋势；个人与公共服务业和商业服务业的变动趋势相近，总体呈上升趋势，在个别年份有所下降。国家层面的价值链本土化变动较小，总体上有小幅上升趋势，低技术制造业和中高技术制造业的价值链本土化程度高于国家层面。

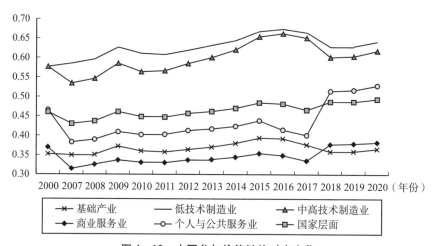

图 4 - 13 中国参与价值链绝对本土化

资料来源：根据 ADB - MRIO 数据计算整理绘制。

（二）相对本土化

如图 4 - 14 所示，完全有效消耗系数下中国 5 部门和国家层面的价值链本土化相对指标下，商业服务业、个人与公共服务业、低技术制造业、基础产业的本土化程度相近，且本土化程度较高，前四部门的本土化程度均高于国家层面，中高技术制造业的本土化程度最低。从变动趋势来看，中国 5 部门和国家层面的价值链本土化均呈波动上升趋势。

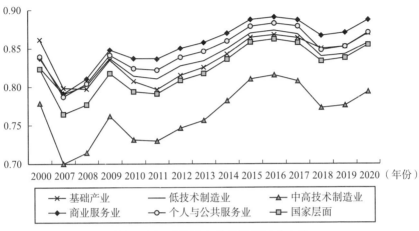

图 4 - 14　中国参与价值链相对本土化

资料来源：根据 ADB - MRIO 数据计算整理绘制。

四、参与价值链集聚化

集聚化用各产业产出中源于前十国家增加值投入占比表示，如图 4 - 15 所示，完全有效消耗系数下中国 5 部门和国家层面，中高技术制造业和低技术

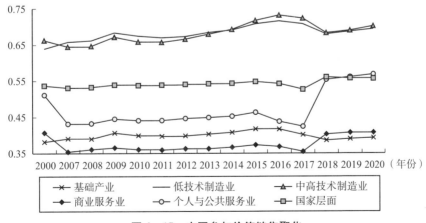

图 4 - 15　中国参与价值链集聚化

资料来源：根据 ADB - MRIO 数据计算整理绘制。

制造业的集聚化程度最高，且高于国家层面；其次为个人与公共服务业、基础产业和商业服务业，均低于国家层面。从变动趋势来看，中高技术制造业、低技术制造业和基础产业集聚化程度呈倒"U"型变化趋势，国家层面、个人与公共服务业和商业服务业呈"U"型变动趋势。

五、近邻化

近邻化用各产业产出中源于前十国家中本国周边地区增加值投入占比表示，如图 4-16 所示，完全有效消耗系数下，中国 5 部门的近邻化程度，低技术制造业和中高技术制造业较高，其次为个人与公共服务业，基础产业和商业服务业较低。从变动趋势来看，低技术制造业总体呈上升趋势；中高技术制造业、个人与公共服务业、商业服务业呈先下降后上升的趋势，基础产业呈先上升后下降的趋势。

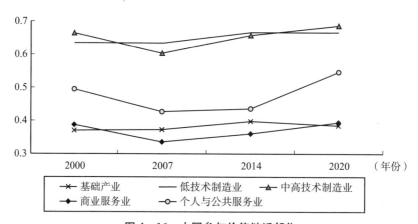

图 4-16　中国参与价值链近邻化

资料来源：根据 ADB-MRIO 数据计算整理绘制。

第三节

中国价值链分工地位

一、价值链分工地位衡量指标

本部分在对 KPWW[①] 法全球价值链位置指数、行业上游度指数、全球价值链平均生产长度与 WWYZ[②] 法全球价值链位置指数、出口国内增加值率等全球价值链地位测度方法进行说明的基础上，对中国 5 部门及国家层面的全球价值链地位演进趋势进行分析。

（一）KPWW 法全球价值链位置指数

基于贸易增加值分解框架，库普曼等（Koopman et al.，2010）构建了全球价值链位置指数，用来衡量一国特定部门的全球价值链分工地位，如式（4-1）所示。

$$\text{GVC\_Position}_{is} = \ln\left(1 + \frac{\text{IV}_{is}}{\text{E}_{is}}\right) - \ln\left(1 + \frac{\text{FV}_{is}}{\text{E}_{is}}\right) \qquad (4-1)$$

其中，GVC_Position_{is} 表示 s 国 i 产业的全球价值链位置指数；IV_{is} 表示 s 国 i 产业的出口中来自本国国内的间接增加值，即本国（s 国）生产并出口的增加值以中间品形式为进口国进口后再出口，最终被第三国消耗，其与总出口的比值即为前向参与度；FV_{is} 表示 s 国 i 产业出口中所包含的国外增加值，其与总出口的比值即为后向参与度；E_{is} 表示 s 国 i 产业的总出口额。如果 $\text{GVC\_Position}_{is} > 0$，说明 s 国 i 产业的出口中来自本国国内的间接增加值多于所包含的国外增加值，处于 i 产业全球价值链的中上游位置，倾向于通过向其他国家提供中间产品和服务的方式参与国际分工，反之则反。

---

① Koopman R, Powers W, Wang Z, Wei S J. Give Credit Where Credit Is Due：Tracing Value Added in Global Production Chains ［R］. National Bureau of Economic Research Working Paper Series，2010.

② Wang Z, Wei S J, Yu X D, Zhu K F. Characterizing global value chains：Production length and up-streamness ［R］. NBER Working Paper，2017.

（二）上游度指数

安特拉斯等（Antràs et al.，2012，2018）构建了行业上游度（upstreamness）测度框架，以衡量一国特定行业在全球价值链中的相对位置。上游度是指一国某特定行业所生产的产品或提供的服务抵达最终消费的平均距离，即抵达最终需求前所需经历的生产阶段数量。开放经济条件下行业上游度指数的测算方法如下。

如式（4-2）和式（4-3）所示，在一个经济体中，i 是某特定行业，该行业的总产出 Y_i 等于最终产品 F_i 的使用与投入其他行业的中间品 Z_i 之和；d_{ij} 代表封闭经济条件下的直接消耗系数，意为每生产 1 个单位价值的 j 产品，要消耗 d_{ij} 个单位价值的 i 行业产品；$\hat{d}_{ij}$ 代表开放经济条件下的直接消耗系数，此时需考虑进出口和存货变动的影响；X_i 和 M_i 分别代表 i 行业的出口额和进口额，NI_i 代表存货变动，U_i 代表 i 行业的行业上游度。

$$\hat{d}_{ij} = d_{ij} \frac{Y_i}{Y_i - X_i + M_i - NI_i} \tag{4-2}$$

$$Y_i = F_i + Z_i = F_i + \sum_{j=1}^{N} \hat{d}_{ij} Y_j \tag{4-3}$$

之后，可得 i 行业产出在全球价值链不同位置的无穷级数，如式（4-4）所示。

$$Y_i = F_i + \sum_{j=1}^{N} \hat{d}_{ij} F_j + \sum_{j=1}^{N} \sum_{k=1}^{N} \hat{d}_{ik} \hat{d}_{kj} F_j + \sum_{j=1}^{N} \sum_{k=1}^{N} \sum_{l=1}^{N} \hat{d}_{il} \hat{d}_{lk} \hat{d}_{kj} F_j + \cdots \tag{4-4}$$

在式（4-4）的基础上，加权处理最终可得到 i 行业的上游度指数计算公式，如式（4-5）所示。

$$U_i = 1 \times \frac{F_i}{Y_i} + 2 \times \frac{\sum_{j=1}^{N} \hat{d}_{ij} F_j}{Y_i} + 3 \times \frac{\sum_{j=1}^{N} \sum_{k=1}^{N} \hat{d}_{ik} \hat{d}_{kj} F_j}{Y_i} + \cdots \tag{4-5}$$

也可以写为矩阵形式，如式（4-6）所示。

$$U_i = \frac{[I-D]^{-1} Y}{Y_i} = [I-\Delta]^{-1} 1 \tag{4-6}$$

其中，I 为 n×n 维的单位矩阵，D 为 n×n 维的矩阵，表示修正后的直接消耗系数矩阵，$[I-D]^{-1}$ 为里昂惕夫（Leontief）逆矩阵，Y 为总产出的列矩阵，Δ 表示元素 $\hat{d}_{ij}\dfrac{Y_j}{Y_i}$ 的 $n \times n$ 维矩阵，I 表示元素都为 1 的列向量。

上游度指数越高，表示行业抵达最终消费的环节越多、加权平均距离越长，该行业产品或服务在抵达最终消费之前所经历的生产阶段越多，即该行业产品或服务远离最终需求端，更加接近价值链的起点，倾向于在全球价值链的中上游环节生产，反之亦然；当上游度指数为 1 时，表示该行业产品或服务直接用于最终需求。

（三）全球价值链平均生产长度

王直等（2017）构建了全球价值链平均生产长度（average production length）测度框架。平均生产长度的含义为一国特定行业从最初增加值投入到最终品消费的平均生产阶段数量，表示该行业增加值在总产出中被计算的次数。

如图 4 - 17 所示，总生产长度在层次上可以分解为纯国内生产长度、传统贸易国内生产长度和全球价值链平均生产长度，其中全球价值链平均生产长度可以分为简单参与和复杂参与两种形式；在主体上可以细分为国内生产长度和国外生产长度；在方向上可以细分为基于前向联系的生产长度和基于后向联系的生产长度。

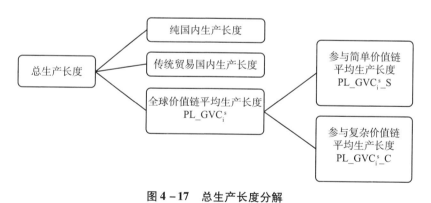

图 4 - 17　总生产长度分解

资料来源：Wang Z，Wei S J，Yu X，et al. Characterizing global value chains：Production length and upstreamness ［R］. NBER Working Paper，No. 23261，2017.

前向生产长度记作 PLv_i^s，是基于总产出角度计算的增加值流转次数，即 s

国 i 部门的增加值被生产为 r 国 j 部门的最终产品或服务所需经历的生产阶段数量，体现的是本国增加值的生产长度。后向生产长度记作 PLy_j^r，是基于最终产品或服务需求的角度，表示来自其他国家（s 国 i 部门）的中间投入品被生产为本国（r 国 j 部门）的最终产品或服务所需经历的生产阶段数量，体现的是国外增加值的生产长度。

如图 4-18 所示，全球价值链平均生产长度在增加值上可以分解为三部分。s 国参与简单价值链国内生产长度记作 $PLd\_GVC_i^s\_S$，参与复杂价值链国内生产长度记作 $PLd\_GVC_i^s\_C$；同理，s 国参与简单价值链和复杂价值链国外生产长度记作 $PLi\_GVC_i^s\_S$ 和 $PLi\_GVC_i^s\_C$。根据 WWYZ 法定义，国内部分有 $PLd\_GVC_i^s\_S = PLd\_GVC_i^s\_R$，$PLd\_GVC_i^s\_C = PLd\_GVC_i^s\_D + PLd\_GVC_i^s\_F$，国外部分同理。

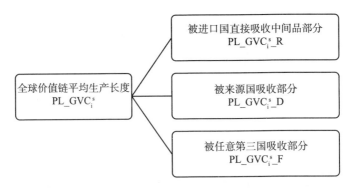

图 4-18　全球价值链平均生产长度分解

资料来源：Wang Z，Wei S J，Yu X，et al. Characterizing global value chains：Production length and upstreamness ［R］. NBER Working Paper，No. 23261，2017.

所以，可以推导出式（4-7）和式（4-8）。

$$PLd\_GVC_i^s = PLd\_GVC_i^s\_S + PLd\_GVC_i^s\_C$$
$$= PLd\_GVC_i^s\_R + PLd\_GVC_i^s\_D + PLd\_GVC_i^s\_F$$

（4-7）

$$PLi\_GVC_i^s = PLi\_GVC_i^s\_S + PLi\_GVC_i^s\_C$$
$$= PLi\_GVC_i^s\_R + PLi\_GVC_i^s\_D + PLi\_GVC_i^s\_F$$

（4-8）

再推导出基于前向联系的全球价值链平均生产长度，如式（4-9）所示。

$$PLv\_GVC_i^s = PLvd\_GVC_i^s + PLvi\_GVC_i^s$$

$$= PLvd\_GVC_i^s\_S + PLvd\_GVC_i^s\_C + PLvi\_GVC_i^s\_S + PLvi\_GVC_i^s\_C$$

$$= PLvd\_GVC_i^s + CBv\_GVC_i^s + PLvf\_GVC_i^s$$

$$(4-9)$$

其中，$PLvd\_GVC_i^s$ 表示原产国阶段全球价值链前向生产长度，$CB_v\_GVC_i^s$ 表示跨境阶段全球价值链前向生产长度，$PLvf\_GVC_i^s$ 表示目的地阶段的 GVC 前向生产长度。

同理，推导出基于后向联系的全球价值链平均生产长度，如式（4-10）所示。

$$PLy\_GVC_i^s = PLyd\_GVC_i^s + PLyi\_GVC_i^s$$

$$= PLyd\_GVC_i^s + CBy\_GVC_i^s + PLyf\_GVC_i^s$$

$$(4-10)$$

（四）WWYZ 法全球价值链位置指数

在全球价值链平均生产长度的基础上，王直等（2017）使用前向全球价值链平均生产长度与后向全球价值链平均生产长度之比构建全球价值链位置指数，如式（4-11）所示。

$$GVCP_i^s = \frac{PLv\_GVC_i^s}{PLy\_GVC_i^s} \qquad (4-11)$$

一般而言，$GVCP_i^s > 1$ 表示 s 国 i 部门倾向于在全球价值链的中上游环节生产，$GVCP_i^s$ 指数较小则表示 s 国 i 部门倾向于在全球价值链的相对下游环节生产。

（五）出口国内增加值率

1. WWZ（2018）框架

运用 WWZ（2018）增加值贸易分解框架（如图 4-19 所示），选用 ADB-MRIO 数据库数据测算每个经济体制造业总体及分行业 2000 年和 2007~2020 年的出口国内增加值率。

其中出口的国内增加值（DVA）包括两个部分：被国外吸收的国内增加值和（VAX_G）和出口后返回并被本国吸收的国内增加值（RDV），并细分为出口最终商品和服务，即最终产品的出口国内增加值（DVA_FIN）、被直接进口国加工后吸收的中间品出口，即简单价值链出口国内增加值（DVA_

INT)、被直接进口国生产向第三国出口并吸收的中间品出口增加值，即间接出口国内增加值（DVA_INTrex），以及出口后返回并被本国吸收的国内增加值（RDV），两项合并称为复杂价值链出口国内增加值。

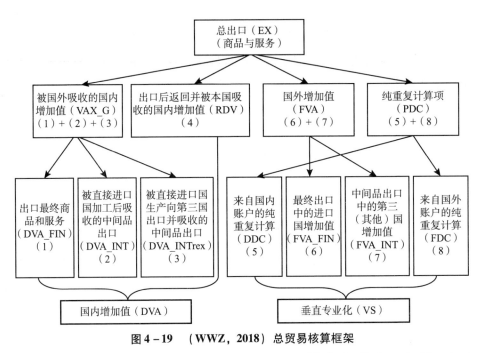

图4-19 （WWZ，2018）总贸易核算框架

资料来源：Wang Z，Wei S J，Zhu K F. Quantifying International Production Sharing at the Bilateral and Sector Levels［R］. NBER Working Paper No. 19677，2018.

根据表4-1中WWZ出口分解的各项增加值，确定出口国内增加值率的计算公式：最终品出口国内增加值率（DVAR_FIN）= DVA_FIN/EX；简单价值链出口国内增加值率（DVAR_INT）= DVA_INT/EX；复杂价值链出口国内增加值率（DVAR_INTrex）=（DVA_INTrex + RDV）/EX，其中DVA_INTrex/EX为复杂价值链间接出口国内增加值率，RDV/EX为复杂价值链出口返回国内增加值率；总出口国内增加值率（DVAR）= DVAR_FIN + DVAR_INT + DVAR_INTrex。

表4−1 　　　　　　　　　　双边出口贸易分解

序号	类型	类别	公式项	解释说明
1	传统贸易	DVA_FIN	$(V^sB^{ss})^T\#Y^{sr}$	s 出口到 r 的最终产品中的国内增加值部分
2	简单价值链	DVA_INT	$(V^sL^{ss})^T\#(A^{sr}B^{ss}Y^{rr})$	s 出口到 r 的中间品中的国内增加值部分，该中间品直接被 r 生产且在 r 消费
3	复杂价值链	DVA_INTrex	$(V^sL^{ss})^T\#(A^{sr}\sum_{t\neq s,r}^{G}B^{rt}Y^{tt})$	s 出口到 r 的中间品中的国内增加值部分，该中间品被 r 出口至第三方 t，并被 t 生产且在 t 消费
4	复杂价值链	DVA_INTrex	$(V^sL^{ss})^T\#(A^{sr}B^{rr}\sum_{t\neq s,r}^{G}Y^{rt})$	s 出口到 r 的中间品中的国内增加值部分，该中间品继续由 r 生产最终产品再出口至第三方 t
5	复杂价值链	DVA_INTrex	$(V^sL^{ss})^T\#(A^{sr}\sum_{t\neq s,r,u}^{G}\sum_{u\neq s,r}^{G}B^{rt}Y^{tu})$	s 出口到 r 的中间品中的国内增加值部分，该中间品继续由 r 生产，再出口至第三方 t（或 u）
6	复杂价值链	RDV	$(V^sL^{ss})^T\#(A^{sr}B^{rr}Y^{rs})$	s 出口到 r 的中间品中的国内增加值部分，该中间品由 r 生产并出口返回 s 且在 s 消费
7	复杂价值链	RDV	$(V^sL^{ss})^T\#(A^{sr}\sum_{t\neq s,r}^{G}B^{rt}Y^{ts})$	s 出口到 r 的中间品中的国内增加值部分，该中间品由第三方 t 加工成最终产品后返回 s 且在 s 消费
8	复杂价值链	RDV	$(V^sL^{ss})^T\#(A^{sr}B^{rr}Y^{ss})$	s 出口到 r 的中间品中的国内增加值部分，该中间品由 r 以中间产品的形式返回 s，由 s 生产最终产品且在 s 消费

说明：s、r、u 分别代表国家。

资料来源：Wang Z, Wei S J, Zhu K F. Quantifying International Production Sharing at the Bilateral and Sector Levels ［R］. NBER Working Paper No. 19677, 2018；张中元. 区域贸易协定的水平深度对参与全球价值链的影响［J］. 国际贸易问题, 2019（8）：95－108.

2. Borin Mancini 框架

博林和曼西尼（Borin and Mancini, 2019）与WWZ（2018）分解框架对国内与国外增加值重复计算部分的统计稍有差异，具体分为按出口部门增加值来源后向分解（BX）和按原产增加值去向前向分解（BR），分别为 DAVAX1：传统贸易国内增加值；DAVAX2：简单价值链贸易国内增加值；REX1 – 3：复杂价值链贸易间接增加值部分；REF1 – 2：复杂价值链贸易返回国内部分；FVA：外国增加值；PDC1：国内增加值重复统计部分；PDC2：外国增加值重复统计部分。

二、中国价值链分工地位演进趋势

（一）WWZ 框架

1. 参与度与地位

（1）前向参与度。如图 4 – 20 所示，WWZ 框架下，中国 5 部门和国家层面的前向参与度总体在 0 ~ 0.2 浮动；从数值上来说，中国 5 部门和国家层面的全球价值链前向参与度大小依次为中高技术制造业、商业服务业、国家层面、基础产业、低技术制造业、个人与公共服务业。从变动趋势来看，2000 ~ 2009 年中高技术制造业、商业服务业、国家层面、基础产业、低技术制造业的前向参与度呈倒 "U" 型变动；2009 年之后中高技术制造业、商业服务业、

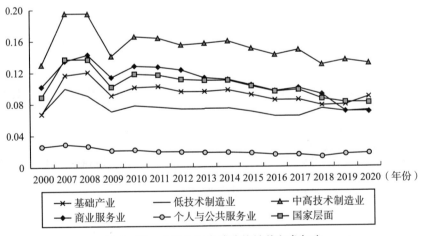

图 4 – 20　中国参与全球价值链前向参与度

资料来源：根据 ADB – MRIO 数据计算整理绘制。

国家层面均呈波动下降的趋势，基础产业呈先下降后上升的变动趋势，低技术制造业总体上围绕 0.065 波动；个人与公共服务业的前向参与度变动较为平缓；国家层面的前向参与度总体呈下降趋势。

（2）后向参与度。如图 4 – 21 所示，WWZ 框架下，中国 5 部门和国家层面全球价值链的后向参与度总体上在 0 ~ 0.25 浮动，就数值大小而言，在大多数年份，其后向参与程度依次为中高技术制造业、国家层面、低技术制造业、个人与公共服务业、基础产业和商业服务业。从变动趋势来看，中国 5 部门和国家层面全球价值链后向参与度的波动幅度较大，在 2000 ~ 2009 年总体呈倒 "U" 型变动；在 2009 年后总体呈 "M" 型变动。

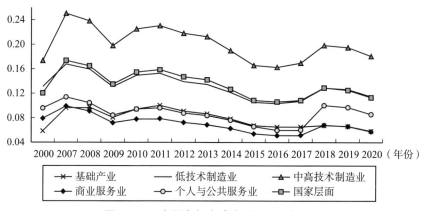

图 4 – 21　中国参与全球价值链后向参与度

资料来源：根据 ADB – MRIO 数据计算整理绘制。

（3）总参与度。图 4 – 22 为中国 5 部门和国家层面全球价值链总参与度，大多数年份按大小依次为中高技术制造业、国家层面、低技术制造业、商业服务业、基础产业和个人与公共服务业，即中高技术制造业在全球价值链中的总参与度最高，且高于国家层面，个人与公共服务业的参与度最低。从变动趋势看，中国 5 部门和国家层面总参与度在 2000 ~ 2009 年总体上呈倒 "U" 型变动；在 2009 年后，中高技术制造业、国家层面、低技术制造业、商业服务业、个人与公共服务业呈 "M" 型变动，基础产业总体呈先上升后下降的变动趋势。

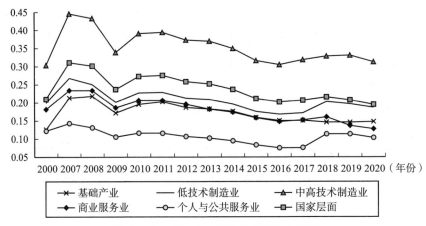

图4-22　中国参与全球价值链总参与度

资料来源：根据 ADB - MRIO 数据计算整理绘制。

（4）价值链位置指数。图 4-23 为中国 5 部门和国家层面的价值链位置指数，商业服务业最大，之后依次是基础产业、国家层面、中高技术制造业和低技术制造业，个人与公共服务业最小。商业服务业和基础产业的数值为正；其余产业数值均为负。总体上看，中国 5 部门价值链位置指数在 -0.1 ~ 0.06 变动，数值较小，表示中国 5 部门在国际分工体系中处于下游。从变动趋势上来看，在 2000 年和 2007 ~ 2020 年，商业服务业变动趋势呈倒"U"型；其

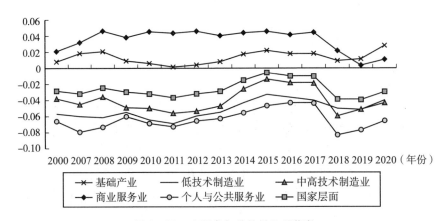

图4-23　中国参与价值链位置指数

资料来源：根据 ADB - MRIO 数据计算整理绘制。

余行业的变动趋势总体上均呈"M"型。2011~2019年基础产业、国家层面、中高技术制造业、低技术制造业和个人与公共服务业的变动趋势均呈倒"U"型。

（5）上游度。如图4-24所示，从中国5部门和国家层面中处于生产链上游位置的程度，即从上游度指标的数值来看，由大到小依次为基础产业、中高技术制造业、商业服务业、国家层面、低技术制造业和个人与公共服务业。与其他行业相比，基础产业处于生产链的上游位置，且总体呈持续上升趋势。中高技术制造业、国家层面总体呈先上升后下降的趋势；商业服务业、低技术制造业、个人与公共服务业总体呈上升趋势。

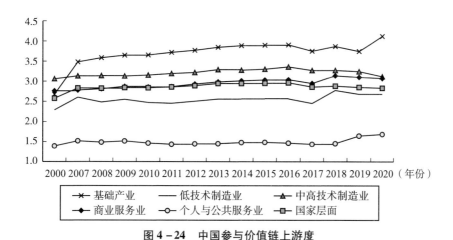

图4-24　中国参与价值链上游度

资料来源：根据 ADB-MRIO 数据计算整理绘制。

2. 生产长度与地位

（1）前向价值链生产长度。如图4-25所示，WWZ框架下，中国5部门的前向生产长度中，基础产业较大，且总体呈上升趋势；之后为中高技术制造业，呈先上升后下降趋势；商业服务业总体呈上升趋势；低技术制造业总体呈上升趋势；个人与公共服务业最小，变化也较为平缓，但在2018年之后有明显上升趋势。

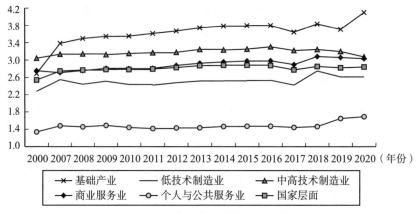

图 4 - 25　中国前向价值链生产长度

资料来源：根据 ADB - MRIO 数据计算整理绘制。

（2）后向价值链生产长度。如图 4 - 26 所示，WWZ 框架下，中国 5 部门的后向生产长度中，中高技术制造业最大，之后依次为低技术制造业、个人与公共服务业，基础产业和商业服务业的后向生产长度较小且相近。从变动趋势来看，中高技术制造业总体呈波动上升趋势；低技术制造业总体呈先上升后下降趋势；国家层面总体在 3.0 附近变动，个人与公共服务业的波动幅度较大，基础产业和商业服务业的变动较为平缓。

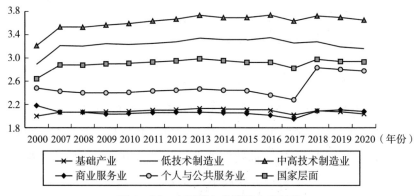

图 4 - 26　中国后向价值链生产长度

资料来源：根据 ADB - MRIO 数据计算整理绘制。

（3）价值链地位。图4－27为中国5部门和国家层面的价值链地位指标，基础产业处于全球价值链较高位置，之后依次是个人与公共服务业、商业服务业、国家层面、低技术制造业和中高技术制造业。从变动趋势来看，基础产业、个人与公共服务业、商业服务业、国家层面总体呈上升趋势，低技术制造业和中高技术制造业的变动较为平缓。

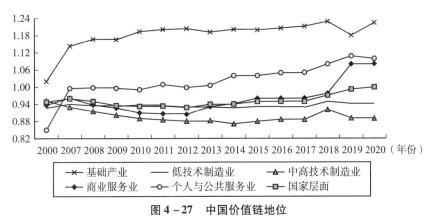

图4－27　中国价值链地位

资料来源：根据ADB－MRIO数据计算整理绘制。

3. 出口国内增加值率

（1）最终品出口国内增加值率。图4－28为中国5部门和国家层面最终品出口国内增加值率，个人与公共服务业最高，之后依次为低技术制造业、中高

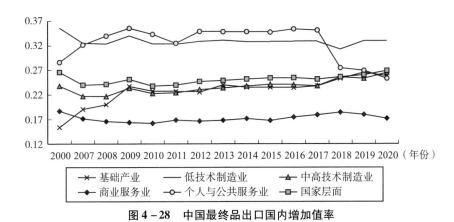

图4－28　中国最终品出口国内增加值率

资料来源：根据ADB－MRIO数据计算整理绘制。

技术制造业、基础产业和商业服务业。从变动趋势来看，个人与公共服务业呈先上升后下降趋势；低技术制造业变动较为平缓，个别年份有下降趋势；国家层面和商业服务业变动较为平缓，中高技术制造业和基础产业均为上升趋势。

（2）简单价值链出口国内增加值率。如图 4 - 29 所示，在 5 部门和国家层面，中国简单价值链出口国内增加值率按照数值从大到小依次为商业服务业、基础产业、个人与公共服务业、国家层面、中高技术制造业和低技术制造业。从变动趋势来看，商业服务业和基础产业呈下降趋势，个人与公共服务业、国家层面和中高技术制造业呈"W"型趋势，低技术制造业变动较为平缓。

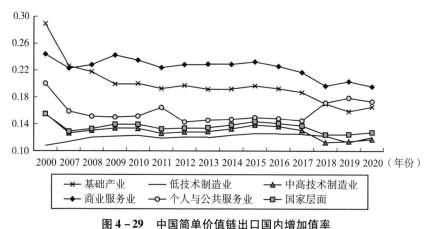

图 4 - 29　中国简单价值链出口国内增加值率

资料来源：根据 ADB - MRIO 数据计算整理绘制。

（3）复杂价值链间接出口国内增加值率。如图 4 - 30 所示，在 5 部门和国家层面，中国复杂价值链间接出口国内增加值率数值从大到小依次为商业服务业、基础产业、国家层面、中高技术制造业、低技术制造业和个人与公共服务业。从变动趋势上看，基础产业呈先下降后上升趋势，商业服务业、国家层面和中高技术制造业呈先上升后下降趋势，个人与公共服务业的上升幅度最大。

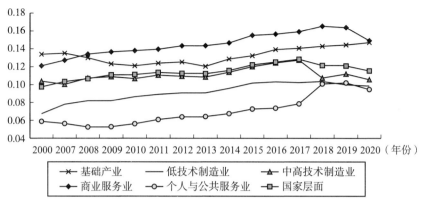

图 4 - 30 中国复杂价值链间接出口国内增加值率

资料来源：根据 ADB - MRIO 数据计算整理绘制。

（4）复杂价值链出口返回国内增加值率。图 4 - 31 为中国复杂价值链出口返回国内增加值率，从总体上看，中国 5 部门和国家层面均呈上升趋势，且上升幅度均较大；2017 年之后各部门均呈不同程度的上升趋势，其中商业服务业的上升幅度最大，仅在个别年份有小幅回落。按数值从大到小依次为中高技术制造业、国家层面、商业服务业、基础产业、低技术制造业和个人与公共服务业。

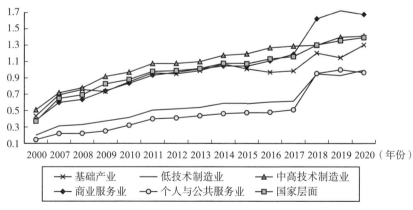

图 4 - 31 中国复杂价值链出口返回国内增加值率

资料来源：根据 ADB - MRIO 数据计算整理绘制。

（5）复杂价值链出口国内增加值率。如图4-32所示，中国5部门和国家层面的复杂价值链出口国内增加值率按数值从大到小依次为商业服务业、基础产业、国家层面、中高技术制造业、低技术制造业和个人与公共服务业。从变动趋势上看，商业服务业、国家层面、中高技术制造业、低技术制造业、个人与公共服务业呈先上升后下降的趋势，基础产业总体呈上升趋势。

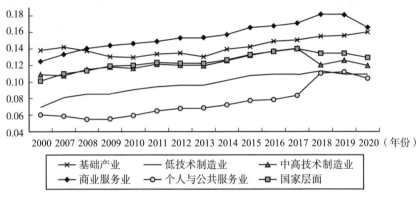

图4-32　中国复杂价值链出口国内增加值率

资料来源：根据 ADB-MRIO 数据计算整理绘制。

（6）全球价值链出口国内增加值率。如图4-33所示，中国5部门和国家层面的全球价值链出口国内增加值率按数值从大到小依次为商业服务业、基础产业、国家层面、中高技术制造业、低技术制造业和个人与公共服务业。从变动趋势上看，商业服务业的变动较为平缓，有轻微下降趋势；基础产业在2009年之前呈下降趋势，在之后年份中虽有波动，但较为平缓，稳定在30%～35%；国家层面变动较为平缓，在25%上下波动；个人与公共服务业总体呈上升趋势，在2017年之后呈倒"U"型，低技术制造业总体呈上升趋势。

（7）总出口国内增加值率。如图4-34所示，基础产业和个人与公共服务业两部门的总出口国内增加值率较高；之后依次为商业服务业、低技术制造业、国家层面和中高技术制造业。从变动趋势来看，基础产业总体呈上升趋势；其他行业总体上均呈先上升后下降趋势，个人与公共服务业在2017年之后下降幅度最大。

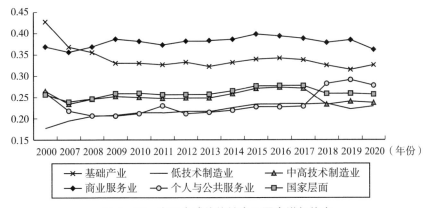

图 4 - 33 中国全球价值链出口国内增加值率

资料来源：根据 ADB - MRIO 数据计算整理绘制。

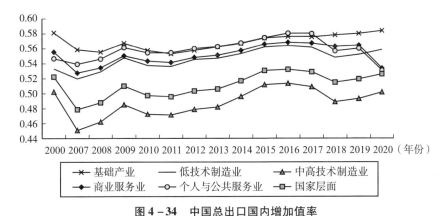

图 4 - 34 中国总出口国内增加值率

资料来源：根据 ADB - MRIO 数据计算整理绘制。

（二）博林框架

1. 参与度与地位

（1）基于贸易的总参与度。如图 4 - 35 所示，中国 5 部门和国家层面的价值链总参与度，中高技术制造业最高，低技术制造业最低。基础产业较高，呈先上升后下降的趋势，且下降幅度最大；个人与公共服务业呈先下降后上升趋势，且上升幅度最大。大多数年份中，中高技术制造业和基础产业价值链总参与度高于国家层面。

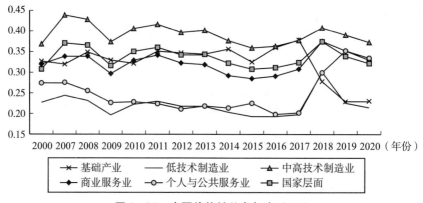

图4-35 中国价值链总参与度（BX）

资料来源：根据 ADB-MRIO 数据计算整理绘制。

（2）前向参与度。如图4-36所示，中国5部门和国家层面的前向参与度，基础产业、商业服务业和中高技术制造业高于国家层面水平。从变动趋势上看，基础产业、商业服务业、中高技术制造业、国家层面和低技术制造业总体上呈不同程度的先上升后下降趋势；且从2017年或2018年之后有不同程度的下降趋势。个人与公共服务业总体呈上升趋势，且上升幅度较大。

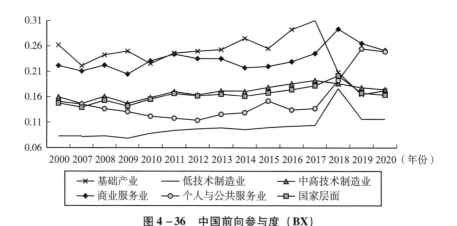

图4-36 中国前向参与度（BX）

资料来源：根据 ADB-MRIO 数据计算整理绘制。

（3）后向参与度。如图 4 – 37 所示，中国 5 部门和国家层面的后向参与度，中高技术制造业最高，且高于国家层面，之后依次为低技术制造业、个人与公共服务业、商业服务业和基础产业，且均低于国家层面水平。从变动趋势看，中国 5 部门和国家层面在 2000 ~ 2009 年总体呈倒"U"型趋势；2009 年之后，中高技术制造业、国家层面、低技术制造业、个人与公共服务业和商业服务业总体呈"M"型变动趋势，基础产业后向参与度越来越低。

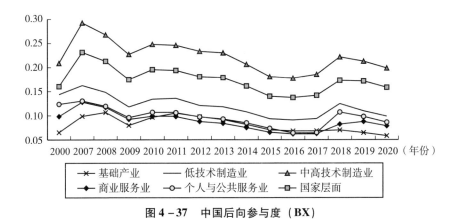

图 4 – 37　中国后向参与度（BX）

资料来源：根据 ADB – MRIO 数据计算整理绘制。

（4）价值链位置指数。如图 4 – 38 所示，中国 5 部门和国家层面的全球价值链位置指数按数值从大到小依次为基础产业、商业服务业、个人与公共服务业、国家层面、低技术制造业和中高技术制造业，且前三者均为正值。国家层面、低技术制造业在 2014 年之前为负值，2014 年之后为正值。中高技术制造业仅在个别年份为正值，其他年份均为负值。从变动趋势来看，中国 5 部门和国家层面的全球价值链位置指数波动幅度较大。其中，基础产业变动幅度较大，总体上呈"WV"型；商业服务业、国家层面和低技术制造业总体呈先上升后下降趋势，个人与公共服务业总体呈上升趋势，中高技术制造业呈"W"型变动趋势。

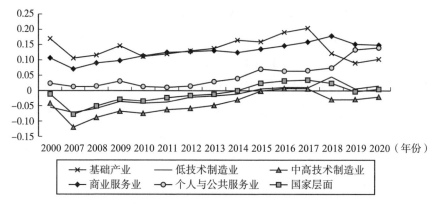

图 4 - 38 中国价值链位置指数（BX）

资料来源：根据 ADB - MRIO 数据计算整理绘制。

2. 出口国内增加值率（按出口部门分解）

（1）最终品出口国内增加值率。如图 4 - 39 所示，中国 5 部门和国家层面最终产品出口国内增加值率在大多数年份从大到小依次为低技术制造业、个人与公共服务业、国家层面、中高技术制造业、商业服务业和基础产业。从变动趋势看，低技术制造业变动总体较为平缓，在 2009 年前后呈明显的倒"V"型趋势，在 2018 年前后呈"V"型趋势；个人与公共服务业在 2018 年之前总体呈上升趋势，2018 年之后呈下降趋势，且下降趋势较为明显。国家

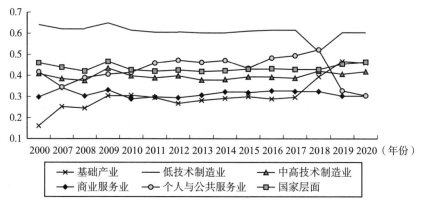

图 4 - 39 中国最终品出口国内增加值率（BX）

资料来源：根据 ADB - MRIO 数据计算整理绘制。

层面的变动趋势较为平缓，总体上在 0.4 ~ 0.5 变动。中高技术制造业和商业服务业的变动趋势较为平缓。基础产业总体呈上升趋势，在 2017 年之后上升趋势更加明显。

（2）简单价值链出口国内增加值率。如图 4 - 40 所示，中国 5 部门和国家层面简单价值链出口国内增加值率在大多数年份按照数值从大到小依次为商业服务业、基础产业、个人与公共服务业、国家层面、中高技术制造业和低技术制造业。从变动趋势上看，商业服务业变动较为平缓，在 30% ~ 40%变动，分别在 2007 年和 2018 年前后呈明显"V"型趋势；基础产业总体呈下降趋势，且下降幅度最大；个人与公共服务业的变动幅度最大，在 2017 年之后呈明显"V"型变动，其他年份在 30% ~ 40% 变动；国家层面、中高技术制造业、低技术制造业总体呈先上升后下降趋势；除基础产业在 2018 年有所回升外，其他各部门在 2018 年均呈下降趋势。

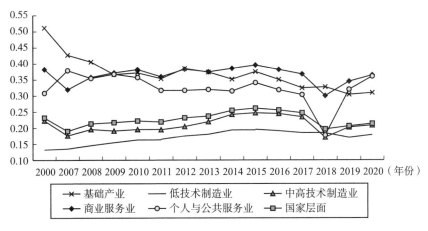

图 4 - 40　中国简单价值链出口国内增加值率（BX）

资料来源：根据 ADB - MRIO 数据计算整理绘制。

（3）复杂价值链间接出口国内增加值率。如图 4 - 41 所示，中国 5 部门和国家层面复杂价值链间接出口国内增加值率中，基础产业、中高技术制造业总体呈先上升后下降趋势，2017 年之后下降趋势明显；商业服务业、国家层面、低技术制造业总体上呈先上升后下降趋势，2018 年之后下降趋势明显；

个人与公共服务业总体上呈"W"型趋势。基础产业、商业服务业和中高技术制造业高于国家层面水平。

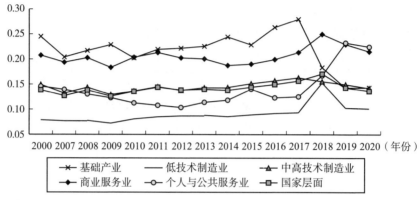

图 4 - 41 中国复杂价值链间接出口国内增加值率（BX）

资料来源：根据 ADB - MRIO 数据计算整理绘制。

（4）复杂价值链出口返回国内增加值率。如图 4 - 42 所示，中国 5 部门和国家层面复杂价值链出口国内增加值率中，商业服务业最高，低技术制造业最低。从变动趋势上看，商业服务业虽在个别年份有所下降，但总体呈波动

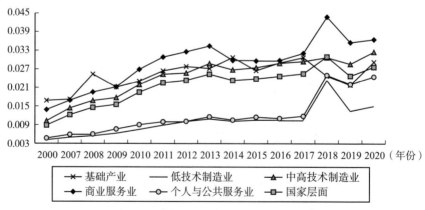

图 4 - 42 中国复杂价值链出口返回国内增加值率（BX）

资料来源：根据 ADB - MRIO 数据计算整理绘制。

上升趋势；在 2017 年之前，中高技术制造业、国家层面、个人与公共服务业和低技术制造业总体呈上升趋势；在 2017 年之后，除基础产业的变动趋势呈"V"型外，其余部门均在 2017 年之后呈"N"型变动趋势。

（5）复杂价值链出口国内增加值率。如图 4 – 43 所示，中国 5 部门和国家层面的复杂价值链出口国内增加值率按数值从大到小依次为基础产业、商业服务业、中高技术制造业、国家层面、个人与公共服务业和低技术制造业。从变动趋势上看，5 部门和国家层面总体上均呈先上升后下降趋势。

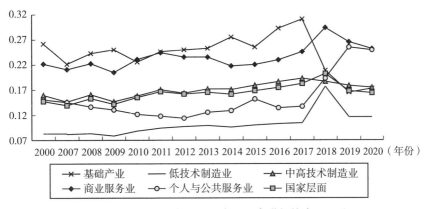

图 4 – 43　中国复杂价值链出口国内增加值率（BX）

资料来源：根据 ADB – MRIO 数据计算整理绘制。

（6）全球价值链出口国内增加值率。如图 4 – 44 所示，中国 5 部门和国家层面的全球价值链出口国内增加值率大多数年份按数值从大到小依次为基础产业、商业服务业、个人与公共服务业、国家层面、中高技术制造业和低技术制造业。从变动趋势上看，基础产业总体呈下降趋势，商业服务业总体变动较为平缓，个人与公共服务业总体呈先下降后上升趋势，国家层面变动趋势较为平缓，但仍呈先上升后下降趋势。中高技术制造业呈先上升后下降趋势；低技术制造业在 2017 年之前总体呈上升趋势，在 2017 年之后呈"N"型变化。

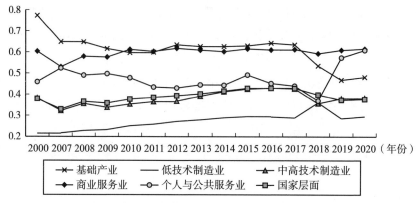

图 4 - 44 中国全球价值链出口国内增加值率（BX）

资料来源：根据 ADB - MRIO 数据计算整理绘制。

（7）总出口国内增加值率。如图 4 - 45 所示，中国 5 部门和国家层面总出口国内增加值率均在 70% 以上。从数值大小看，基础产业、商业服务业、个人与公共服务业数值较大，在 90% 上下变动，之后为低技术制造业，中高技术制造业最小。从变动趋势看，5 部门和国家层面总体均呈不明显的上升趋势。

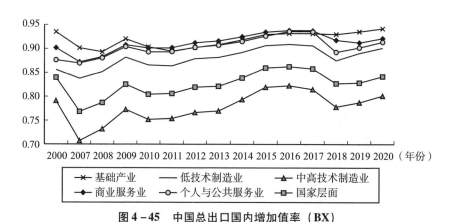

图 4 - 45 中国总出口国内增加值率（BX）

资料来源：根据 ADB - MRIO 数据计算整理绘制。

第五章

价值链数字化、参与生产网络地域
特征与分工地位提升的作用机理

结合全球价值链与数字经济相关理论，分别从数字技术的运用促进企业生产方式变革、制造业区域集聚、国家要素禀赋与比较优势变迁三个层面提出价值链数字化重塑促进我国参与全球生产网络地域特征向区域化演变，进而促进价值链地位提升的理论机制。

第一节
价值链数字化对全球生产网络演变的作用机制

价值链数字化通过成本节约效应、效率提升效应和促进创新效应三方面推动节点价值链地位变化与全球生产网络演变。

一、成本降低效应

（一）降低要素与环境成本

数据作为最关键的生产要素，其本身在产品生产过程中的作用日益突出，经过清洗、筛选、加工、处理后就变为指导制造企业决策的信息与知识，由于其具有可分享性、非竞争性与非排他性，产品多样化的成本不断降低。根据摩尔定律（Moore's Law）与吉尔德定律（Gilder's Law）的速度至上原则，只有通过利用成本更低的数据与网络资源，才能实现快速的持续创新，提升产品更新换代的速度，缩短产品生命周期，不断满足消费者日益变化的消费需求。此外，其与其他生产要素一起组成新的要素组合，促进要素优化配置，也可放大其他生产要素的效率，降低企业使用要素成本。随着制造业数字化进程的加快，更多的数据要素替代传统要素与资源，也减少了传统制造业对非可再生资源消耗的依赖，减少了对环境和生态的冲击，降低能源和环境成本（张三峰等，2019）。

（二）降低信息与供应链成本

首先，由于数字技术融入制造业，通过对大数据技术收集到的相关数据进行整理分析，提取有价值的信息，会降低企业广泛搜寻信息的成本（高敬峰和王彬，2020），有利于企业合理规划产能和优化生产工序。

其次，传统产业数字化升级进程中，数字技术网络打破了由于分工专业化程度加深导致的协调成本增加的约束，不仅突破了物理距离，降低空间约束，也打破了时效约束，使信息传递与协调突破了时空距离，大大降低信息不对称与交易成本。

再次，随着人均收入水平的不断提高，个性化、即时型消费需求也大量迸发，进而推动更低成本的、消费者驱动生产制造的C2B商业模式逐渐成为社会主流。与之前大批量、标准化流水线生产同质化产品，再经过层层分销、批发、物流配送最终才到达消费者手中不同，现在数字平台把消费者与生产者直接联系起来，消费者只要在网络终端输入产品型号、款式、颜色等信息，平台就可把订单信息传送给生产方，生产方开始物料采购、生产制造，再把生产好的产品通过智慧物流直接配送到消费者手中。整个过程中数字化平台将大规模的用户和各类产品供应方汇集在一起，协助供需两端进行精准搜寻和匹配，缩短供需两端的距离，使企业能够更精准地营销和提供售后服务，促使贸易更加便利和高效（张辉等，2022），不仅降低了供需双方的信息搜寻、协调成本与信息不对称程度（戴翔等，2022b），也降低了对营销和交易过程的管理成本。

最后，数字支付和金融的普及降低了供需双方进行贸易结算和支付的复杂性，提高跨国企业进行资金往来的便利程度，降低跨境贸易和融资的交易成本，节约企业的全球供应链成本。

二、效率提升效应

价值链数字化通过改变生产要素结构提高企业生产效率。产业数字化过程中数字资源作为一种新的关键要素投入，突破了资本、劳动力、技术等传统生产要素的限制，为一国提供多元化的优势要素组合（戴翔等，2022a），使制造业企业生产降低技能劳动要素的比例，提高数字化投入，促进生产工序不断向自动化和智能化转变，提高企业生产效率。

数字技术的应用使数字化、智能化、柔性化生产成为可能，不但促进了全球生产网络分工向更加精细化的方向发展，而且带来了生产协作方式的改善和优化，使研发设计、生产制造、营销服务等环节的运行效率得到明显提升（肖旭和戚聿东，2019）。为承接核心零部件及半成品等中间产品创造良好条件，进而减少最终需求驱动型产业转移承接，增加更多中间需求和出口需求驱动型产业转移承接，提升制造业在全球生产网络中的前向参与度，降低其后向参与度，促进分工地位的进一步提升。

三、促进创新效应

（一）流程创新

数字化不仅倒逼企业降低中间浪费和冗余，实现成本节约与精益生产，推动企业产品创新，同时也可助力企业数字化流程再造，使组织结构趋于扁平，实现柔性生产与流程创新。

随着传统产业生产数字化进程的进一步加快，大数据、云计算、物联网、人工智能等数字技术在传统产业的适用范围不断扩大，不但促进了传统产业的技术进步，降低不同部门之间的沟通与协调成本，也促进了企业生产过程与组织行为的变革与创新，同时，企业生产过程因信息的沟通与传递更加便捷、更具柔性，企业生产的灵活性也进一步提高，促使企业的整个生产流程与组织管理方式都实现了革新，数字化、智能化与柔性化的理念也随之成熟，整个生产制造过程的复杂性与灵活性也得以提升。

数字技术可以提高企业对庞杂市场信息的筛选和获取能力，通过数字技术甄选挖掘消费需求信息，能够更加精准及时地了解目标客户群体的需求。通过充分挖掘生产环节中大量数据信息的深层价值，保证企业获得信息的准确高效，从而对整个生产过程和环节进行持续优化和再造，促进企业流程创新。

（二）产品创新

随着数字化水平提升，个性化定制逐渐成为消费者的主流选择，C2B 平台要具备满足消费者个性化定制、多样化需求的能力，就要求生产线与原来刚性的大规模流水线有本质的不同，既要灵活，又可无条件复制，从而使规模化的成本节约与满足消费者个性化需求相结合，实现可大规模个性化定制的柔性生产。如之前生产厂家把产品通过层层批发与分销、配送送达消费者手中，通过订单量的多少，才能了解到消费者的需求，信息往往要滞后几个月，而现在通过在线平台的大数据分析，可直接了解消费者的定制化需求，再通过柔性生产的方式，既降低了库存成本，也可把大量的资金投入到满足消费者定制需求的新产品上，消费者甚至可参与到产品的设计过程中，大大提高产品被接受的概率，降低产品创新风险，缩短了产品的研发周期与进入市场的时间，可见数字化有助于实现柔性化生产与精益化生产，既达到了可即时满足消费者需求的柔性生产，又实现了零库存的精益生产，既可满足更多消费者的长尾需求，也可扩大新产品的销售市场范围，从而激发企业产品持续创新。

数字化带来的竞争效应、示范效应、产业关联效应等促使企业不断降低成本与提高柔性与生产效率，不断学习新知识、改进技术、开发新市场，提升创新能力，进而提升综合比较优势与竞争力（田毕飞和陈紫若，2018）。借助数字技术，企业对前沿技术的模仿和学习更加便捷高效，促进企业的工作重心向产品创新转移，提高产品附加价值，进而提高中间产品加工能力以及产品市场竞争力，促进核心零部件及半成品等中间产品的生产环节和工序承接，减少对加工组装环节的承接，提升在全球生产网络中的前向参与度，降低后向参与度，提升分工地位。

综上所述，数字技术创新催生出一系列数字产品和服务，促进数字产业化发展。随着数字产业与非数字产业部门之间的联系日益密切，加快了数实融合，促进产业数字化，通过成本节约效应、效率提升效应和促进创新效应推动国际产品内分工走向高度精细化，不仅促进全球生产网络整体网密度和边数不断增加，也使各国参与全球生产网络分工程度加深，拉近了生产端与服务端的距离，对全球生产网络分工地位提升产生了显著影响（韩剑等，2018）。随着各节点国家中心地位的动态变迁，全球生产网络也会在整体特征、核心—边缘特征及节点国家中心性特征变化的过程中不断演进。

第二节
价值链数字化对全球生产网络地域特征的影响机理

数字技术的不断迭代创新及其在传统制造业领域的广泛运用，必将引致生产要素与企业生产方式的变革，进而促进各国比较优势的变迁与全球价值链参与方式的变化，最终对参与全球价值链的地域特征产生影响。

一、价值链数字化促进全球生产网络地域特征向区域化演进

微观层面上，数字技术深刻影响着企业的各项生产活动，并向企业管理、研发、组装、售后等环节延伸（邵婧婷，2019）。数字化会使更多产品、服务和群体嵌入生产网络当中，有可能会颠覆全球生产网络的分布体系和贸易利益分配格局，越来越多的企业可以凭借更低的成本以更灵活的方式融入不同的生产网络当中，使全球生产网络更加错综复杂（沈玉良和金晓梅，2017）。

宏观层面上，数字技术的进步带动了全球产业整合与升级，数字经济不仅使资本集中度进一步提升，还催生出更多生产方式与消费方式（葛顺奇和罗伟，2013）。随着数字产品成为国际贸易标的，传统制造业和服务业数字化程度进一步提高，全球生产网络的运行效率也随之提升，因此各国都加紧对

各自参与生产网络的方式进行数字化调整（余南平，2021）。随着数字技术不断向传统产业延伸，产业数字化改造深入推进，区域生产网络密度不断加大，结构布局更加区域化和碎片化，也更靠近消费终端（郭周明和裘莹，2020）。近年来，受气候变化、地缘政治危机与疫情影响，各国会重新审视和布局各自的生产网络，缩短产业链和供应链，全球生产网络会呈现区域化、本土化的趋势，在此趋势的影响下，发达国家极有可能独立构建一个以数字、科技为核心的生产网络，减少对其他地区生产网络的过度依赖（崔日明和李丹，2020）。

此外，数字化也有可能促进价值链分工全球拓展与深化。一国价值链数字化程度越高，越能以更低的成本优势参与全球价值链分工，进而更容易与更多国家建立前后向产业关联，促进全球价值链不断向纵深发展，全球生产网络的密度和边数也不断增加。与此同时，生产网络分工布局出现以低成本为导向的调整和变化，由于交易成本和信息成本的降低，有助于增加跨国外包活动，促进中间品贸易发展和生产链条延长（吕越等，2022），并且数字化平台使供需范围扩大，有助于形成更广泛的多元化合作关系，即一国在制造业生产网络中更容易建立广泛贸易联系，使全球价值链呈现区域周边多元化发展特征。

二、价值链数字化对不同价值链环节空间布局的影响

数字技术的应用使得数字化、智能化、柔性化生产成为可能，不但促进了全球生产网络分工向更加精细化的方向发展，还带来了生产协作方式的改善和优化，使研发设计、生产制造、营销服务等环节的运行效率得到明显提升，有助于中高端制造业核心的高技术环节集中于数字技术发达、数字基础设施完善与数字营商环境优良等综合优势较强的核心地区；而中高端制造业的劳动密集型环节则分布在核心国家的周围，为核心环节提供配套补给，不仅使全球生产网络呈现典型的核心—外围结构特征，也使其价值链呈现出区域化甚至本土化特征（戴翔等，2022c）。

此外，价值链数字化具有极大的创新效应（屠年松等，2022）。一方面，

价值链数字化进程中，数实不断融合创新，一国的创新效应越强，则其制造生产能力和国际竞争力越强，其价值链地位提升就越快，进而使其逐步向全球生产网络的中心迁移，从而在生产网络中掌握主导权和控制权。而那些产业数字化不足或产业数字化创新效应较低的国家则不断向全球生产网络的外围游走，促使整个网络的核心—外围结构特征不断演化。另一方面，产业数字化提升的创新效应也会推动制造业价值链分工更加精细化，制造业环节会更多集中于数字技术发达、技术性人才充足和数字基础设施完善的发达国家及周边区域，使生产网络区域化甚至本土化特征更加凸显。

第三节

价值链数字化对我国参与全球
生产网络区域化演变的影响

一、消费需求的升级促进制造业向大市场区域集聚

数字经济属于速度型经济，随着消费者收入的不断提高，消费需求也在不断升级。数字经济下消费需求的升级不但要求更高质量的产品满足市场需求，对更快速地满足其个性化与定制化需求的要求也日益强烈。随着数字技术的不断迭代创新及产品生命周期的日渐缩短，哪家企业更靠近大市场、哪家企业更容易快速满足消费者的个性化、定制化、多样化需求，就能在激烈的数字经济竞争中胜出。为了达到这种快速满足消费需求的要求，制造业企业由原来分散布局在劳动力成本更低的全球各地，向靠近大市场的区域集聚，且逐渐成为全球价值链发展的新潮流。故依靠庞大的中等收入群体以及巨大的市场规模优势，会吸引更多的全球制造业分工环节向我国及周边区域集聚，使我国制造业参与全球价值链由原来的全球分散化趋势逐渐向区域集聚化演变。

二、生产方式的变革促进制造业向数字技术发达的区域集聚

数字经济是以数字化的知识与信息为关键生产要素，以数字技术创新为核心驱动力，以现代信息网络为重要载体，通过数字技术与实体经济相融合，不断提高经济社会效率的经济形态（中国信息通信研究院，2019）。目前富含信息与知识的数据成为数字经济下制造业生产的关键生产要素，同时大数据作为生产要素，日益受国家与企业的重视（张辉和石琳，2019）。随着数据对传统要素的不断替代，原来依靠流水线大规模生产同质化商品的生产方式逐渐向数字化、智能化、柔性化与定制化生产差异性产品的方式转变。人工智能、大数据、物联网、云计算等数字技术在制造业领域的不断普及与发展应用，不仅能促进制造业生产方式的彻底变革，还可扩展服务链的业务范围，优化供应链上下游协同运作效率，催生更多制造业领域的创新可能，成为制造业发展质量提升的关键因素（赵西山，2017）。

价值链数字化下随着生产方式的不断变革，原来的劳动力成本优势不再成为决定制造业全球布局的重要因素，而数据量及与其相关的数字技术、数字基础设施成为制造业决胜的关键，故全球制造业会逐渐由原来劳动力成本低的地区向那些拥有更先进的数字技术、更完善的数字基础设施以及拥有更大规模数据量及更高数据处理能力的区域集聚。而我国不仅数字经济发展水平位于全球第一方阵，数字基础设施也较为完善，拥有比其他国家更丰富的数据量，这将吸引更多周边国家的制造业环节向我国集聚，促进我国制造业参与全球价值链表现出更多的区域化倾向。

三、数字平台的兴起促进制造业向拥有巨型数字平台的区域集聚

数字经济属于平台型经济，依托平台的供应商、生产商与众多消费者组成互利共赢的生态系统。数字平台不仅模糊了传统产业间的界限，成为制造业供应链融合的新媒介，而且成为直接连接生产端与消费端的重要渠道。有没有大型的数字平台、与周边国家能不能建立起完善的数字生态循环成为影

响制造业国际布局的重要决定因素。价值链数字化下，制造业生产的各利益相关方更多依靠数字平台的开放合作与协同创新共同创造价值，故价值链数字化会促进制造业环节更多向拥有巨型数字平台的区域集聚。近年来，阿里巴巴、腾讯与百度等数字巨型平台市值位于全球前列，大量数字平台型独角兽企业以惊人的速度纷纷崛起，不仅吸引了更多的制造业向我国及周边地区集聚，也在一定程度上促进了我国参与全球生产网络地域特征不断向区域化发展。例如近年来发展迅速的我国智慧物流系统中智能海外仓储系统的构建和区域跨境电商平台的推广，不仅能减少我国制造业相关产品的运输成本，满足区域内的消费需求（李海舰等，2014），还可加速扩展更多区域的海外市场，促进区域经济合作程度的进一步提升。同样，这些数字平台的发展对于我国制造业整个供应链生态的地域特征也会产生很大影响，如亚洲物流系统海外仓的搭建将极大推动我国制造业生产链在亚太区域的传动，我国跨境电商网络与数字物流配送系统在东南亚区域的扩展也使我国制造业增加值更多向东南亚区域国家集聚，不仅使我国参与全球价值链的区域化倾向日益明显，也有助于促进我国不断由参与发达国家主导的全球价值链向自身主导的构建区域价值链转变。

四、比较优势的变迁促进制造业由参与全球价值链向主导区域价值链转变

长期以来，我国制造业凭借廉价的劳动生产力与资源禀赋优势得以参与到由发达国家主导的全球价值链当中，并获得了"世界制造工厂"的称号，但遗憾的是我国制造业长期处于全球价值链微笑曲线的中低端，大而不强的尴尬地位始终没有得到明显改观。伴随着数字技术引领的第四次工业革命的到来，我国制造业开始从依靠丰富劳动力要素的低成本比较优势向制造业数字化、信息化、智能化带来的创新竞争优势转变，由原来只在全球价值链中的加工组装环节具有优势动态升级到同时具有低端、中端与高端全价值链体系的比较优势（肖苏阳，2019）。我国诸多制造企业在数字化浪潮中完成了工序环节的升级，由原来更多从事劳动密集型环节的优势开始转向新兴科技领

域的创新竞争优势，例如华为公司起初是依靠代工生产通信设备，而现如今已经成为掌握5G世界领先技术的高科技公司。随着数字技术的迭代创新，近年来我国数字经济的快速发展已经处于区域甚至全球的前列，制造业的竞争优势也逐渐从低劳动力成本的比较优势向高技术、高附加值、高创新性的综合竞争优势转变（肖苏阳，2019；王金波，2014）。

随着数字经济下生产方式的数字化、智能化变革，我国制造业比较优势逐渐由过去低附加值环节的劳动力成本优势逐渐向可创造更高附加值的高技术环节优势动态升级，这将对我国参与全球价值链的分工方式与地域特征产生深远影响。过去我国依靠劳动力成本优势，先从发达国家进口半成品、零部件等中间产品，经过加工组装再向全球市场出口，即以后向参与方式低端嵌入全球价值链，由于进口中间产品更多源于发达国家，经加工组装后最终产品再向全球市场出口，所以参与全球价值链的全球化地域特征倾向较为明显，而现在依靠数字经济带动的从事高技术、高附加值环节的比较优势使我国制造业从低端嵌入发达国家主导的全球价值链向主导周边地区区域价值链的构建成为可能，随着比较优势的不断升级，我国可以更多通过出口高端零部件等前向参与方式嵌入全球价值链，并主导与周边地区区域价值链的构建，故参与全球价值链的地域特征也会由全球化向区域化转变。

如图5-1所示，进入数字经济时代，随着数字技术的迭代创新、价值链数字化水平提升与消费需求的不断升级，劳动力成本不再成为决定制造业竞争力的关键因素，先进的数字技术和更高水平的数字基础设施对消费者多样化消费需求的快速响应能力成为决胜制造业竞争的关键（王金波，2014）。全球制造业生产方式也由原来集中在某一地加工组装再向全球出口的集中化生产向分散在数字技术较为先进、数字基础设施较为完善且靠近大市场的区域内国家进行数字化、智能化生产转变，可喜的是近年来随着我国数字经济的快速发展，数字技术的优势越来越明显，制造业也在数字化改造过程中不断转型升级，再加上大量数字平台的快速兴起，促进全球制造业不断向我国及周边区域集聚，我国制造业参与全球价值链表现出更多的区域化倾向。此外，"一带一路"倡议的实施与数字经济下我国比较优势的变迁也会助力我国制造业参与全球价值链地域特征不断由全球化向区域化转变。

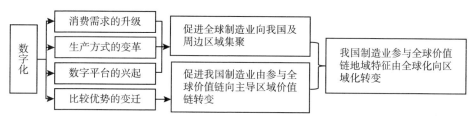

图 5 - 1　价值链数字化促进我国制造业参与全球价值链区域化提高

资料来源：笔者自制。

第四节

价值链数字化对中国国际分工地位提升的影响

首先，价值链数字化促进中国价值链贸易规模扩大。大数据、人工智能和互联网等新一代数字技术在促进生产技术创新过程中，将数据要素深度嵌入传统产业生产经营的各环节，运用数字技术对传统产业进行全方位、全角度和全链条的改造，促进中国制造业的数字化转型，提升制造业数字化水平。而传统制造业在数字化转型过程中，通过产业融合和产业创新催生出一系列新产业、新模式和新业态，反过来又会持续促进不同行业间的相互渗透和边界融合，最终实现经济结构的转变与经济集约式发展，降低产品内分工协调成本，促进中国制造业价值链贸易结构的提升和价值链贸易规模的扩大。此外，制造业数字化能够将制造优势与网络化、智能化优势有效叠加，全面提高生产制造的灵活度与精细性，尽可能地优化生产流程，使制造业全产业链高效运转，扩大价值链贸易规模，提升价值链贸易结构，促进价值链地位提升。

其次，价值链数字化促进中国价值链前向参与度提升。互联网、大数据、云计算和人工智能等新一代数字技术迅猛发展，逐渐渗透至社会经济各个领域，数字化水平提高使复杂产品的跨国生产活动更为高效，也使得各生产要素在全球范围内的流动性进一步增强，不同产业之间的互动更加频繁，进一步加深了产品生产的碎片化程度，推动产品内分工不断细化，进而深刻影响中国参与全球生产网络的分工模式（齐俊妍和任奕达，2022），不仅使发达国家与发展中国家之间的经贸联系更加密切，同时也为中国融入全球经济提供了更多机遇，促进中国前向参与全球生产网络分工程度的深化与参与度提升（Gereffi，2011）。

最后，价值链数字化促进价值链区域化演进与分工地位提升。随着数字技术不断向传统产业延伸，产业数字化改造深入推进，区域生产网络密度不断加大，结构布局更加区域化和碎片化，也更靠近消费终端（郭周明和裴莹，2020）。一是研发设计区域化。价值链数字化不仅使研发设计环节更加细化，也使其向数字技术发达、数字要素丰裕与数字基础设施完善的中国发达地区集聚，使研发设计更多呈现出国内化与区域化特征（杜传忠和杜新建，2017；何枭吟等，2017）。二是生产数字化。更高的数字化水平要求更多的资本密集型智能制造集中于具有较高数字技能的大型生产基地，特别是随着人工智能、3D 打印等数字技术的广泛运用，跨国公司可能会把服装、玩具等产品的国际生产布局在数字技术发达、数字基础设施完善、离最终需求市场比较近的区域，生产制造环节在中国大市场周边布局的区域性特征更加显著（马秀丽和孙友杰，2004；王盛勇和李晓华，2018；Backer et al.，2018）。三是营销与售后服务的数字化。虽然借助数字公众平台将形成全球更广阔与更分散的供应与分销合作关系，但复杂的协同研发与稳定的销售又鼓励建立更密切的区域合作伙伴关系，促进营销与售后服务的区域化发展（杜传忠和杜新建，2017；何枭吟等，2017）。价值链数字化导致区域间功能分工碎片化加剧，作为区域生产网络的主导者，中国可以在更大空间范围内细化生产网络分工，从而实现低成本、高收益的分工组合，价值链地位不断提升，特别是中国那些具有链主地位的旗舰企业或领先企业的价值链地位提升态势日渐明显（孙志燕和郑江淮，2020）。

第六章

价值链数字化对中国国际分工
地位提升影响的实证分析

模型构建

一、变量选取与衡量

目前，全球经济增长缓慢，国际产业竞争日趋激烈，数字经济为促进经济增长提供了新的方向，也成为新一轮产业竞争的制高点。数字经济的快速发展促进传统产业向数字化转型，驱动着全球价值链的重构，为处于价值链低端的国家向价值链中高端跃升提供了机遇。本章分别以我国制造业总体及不同要素密集度行业的价值链位置指数为因变量，以价值链数字化程度为自变量，以参与全球生产网络的区域化为中间变量，以数字基础设施水平、研发支出、人均GDP、劳动力成本、贸易自由化程度为控制变量，建立计量模型。

（1）被解释变量。价值链地位（CBy_GVC），用前后向生产长度比值衡量。

（2）核心解释变量。价值链数字化（DM），用数字制造化即基于完全有效消耗系数的各产业产出中源于数字制造业的增加值占比衡量。

（3）中介变量。区域化（RXB）指标，用相对区域化指标即各产业中间投入中源于国外区域内的增加值占比衡量。

（4）控制变量。除数字制造外，还存在影响价值链地位的其他因素，借鉴费越等（2021）和戴翔等（2022a）的做法加入如下控制变量：数字基础设施水平，用一国安全服务器（af）衡量；创新能力（rd），以研发支出占GDP的比例来衡量；人均GDP（PerGDP），体现收入水平；劳动力成本（labsh），体现比较优势；贸易自由化程度（tld），衡量一国自由贸易程度。

选择2000年和2007~2020年我国35个行业的数据为研究样本。其中价值链地位、数字制造和区域化的相关数据均来自ADB-MRIO数据库。控制变量数据来自世界银行和宾大世界表。

二、计量模型设定

为检验数字化对全球价值链分工地位的影响，参考王晶和林如意（2022）构建如式（6-1）所示的模型。

$$CBy\_GVC_{it} = \alpha_0 + \alpha_1 DM_{it} + \beta Controls_{it} + \delta_{it} \qquad (6-1)$$

其中，i代表行业，t代表时间，CBy_GVC_{it}表示我国i行业t时期的全球价值链分工地位，DM_{it}表示我国i行业t时期的价值链数字化水平，α_0为常数项，α_1为各解释变量的回归系数，Controls表示所有控制变量，δ_{it}为随机误差。

第二节

基 准 回 归

使用Stata17.0软件进行面板回归分析，检验价值链数字化对全球价值链地位的影响，表6-1为基准回归结果分析。

表 6－1   基准回归结果分析

变量	（1）	（2）	（3）	（4）
	CBy_GVC	CBy_GVC	CBy_GVC	CBy_GVC
DM	2. 4271 *** （0. 4724）	1. 7762 *** （0. 2787）	1. 0419 *** （0. 1910）	1. 0419 *** （0. 1910）
af	—	0. 0108 *** （0. 0032）	—	－ 0. 1468 *** （0. 0095）
rd	—	0. 0276 *** （0. 0018）	—	0. 0130 *** （0. 0012）
PerGDP	—	－ 0. 0273 *** （0. 0045）	—	0. 9523 *** （0. 0711）
labsh	—	－ 0. 3039 *** （0. 0407）	—	76. 4044 *** （5. 6951）
tld	—	0. 2396 *** （0. 0499）	—	－ 9. 3747 *** （0. 7376）
_cons	1. 1959 *** （0. 0166）	1. 4439 *** （0. 0312）	1. 2344 *** （0. 0079）	－ 46. 8454 *** （3. 5797）
行业固定效应	是	是	是	是
年份固定效应	否	否	是	是
N	525	525	525	525
R^2	0. 1855	0. 5657	0. 8360	0. 8360

注： *** 表示在 1% 的水平上显著。
资料来源：根据 Stata 结果整理。

第（1）列和第（2）列采用个体固定效应模型，结果显示价值链数字化在 1% 的显著性水平上为正，初步表明价值链数字化有助于促进全球价值链分工地位提升。第（3）列和第（4）列为双向固定效应模型，在第（1）列的基础上加入了年份固定效应。根据每列的回归结果，尽管核心解释变量的大小发生了变化，但其与 GVC 地位的正相关关系和显著性均没有改变，在一定程度上说明了估计结果的稳健性。如第（4）列所示，加入了年份固定效应后，价值链数字化每上升1%，GVC地位上升1.0419%，表明价值链数字化提高会导致GVC地位更大幅度提升。

控制变量中人均GDP、劳动力成本的回归系数显著为正，原因可能是因为人均GDP高的国家消费潜力大、个性化需求多，会促进供给端的升级与全球价值链地位提升。而全球价值链地位提升的实质是要素禀赋的优化，劳动力成本越高，越会倒逼资源与劳动密集型环节向外转移，促进产业结构升级与生产效率提高，促使全球价值链地位提升。创新能力的回归系数显著为正，表明研发支出增加与创新水平提高能够直接促进价值链分工地位提升。此外，自身研发能力的提升也会促进对外来先进技术和知识的吸收、利用和再创新，从而间接促进全球价值链地位攀升。贸易自由化程度的回归系数显著为负，可能是由于贸易自由化程度越大，越会促进更多中间产品的进口，经加工组装成最终产品后再出口，即提高了后向参与度，降低了价值链地位。数字基础设施水平，即安全服务器的回归系数也显著为负，可能是由于数字基础设施的作用还没有完全发挥出来，对价值链地位的影响还不明显。

第三节

稳健性检验

为进一步验证本书的分析结论，在考察了数字化对价值链地位的影响后，采用替换自变量、替换因变量、缩尾处理等方法进行稳健性检验，并且基于可能存在的内生性问题进行了内生性检验。

一、替换自变量与因变量

在表6-2中，第（1）列和第（2）列为基于前后向参与度求得的价值链位置指数（GVC_POS）替换基于前后向生产长度比值求得的价值链地位（CBy_GVC）；第（3）列和第（4）列将核心解释变量用基于产出中源于数字产业的增加值占比（DI）替换基于产出中源于数字制造业的增加值占比

（DM），从回归结果来看，替换变量后，解释变量对被解释变量影响的显著程度和系数与基准回归结果基本保持一致，即解释变量对被解释变量具有显著的正向影响，说明前面的基准回归结果较为稳健。

二、缩尾处理

为防止异常值对研究结果的影响，本书对连续变量进行了缩尾处理。回归结果如表6-2第（5）列和第（6）列所示，从回归结果可以看出，无论是否加入控制变量，价值链数字化对于价值链地位具有正向提升效应，且在1%的水平上显著，与基准回归中的结果保持一致，证实了前面基准回归结果的稳健性。

表6-2　　　　　　　　　　　　　稳健性检验

变量	（1）	（2）	（3）	（4）	（5）	（6）	（7）	（8）
	替换因变量		替换自变量		缩尾处理		内生性（2SLS）	
	GVC_POS	GVC_POS	CBy_GVC	CBy_GVC	CBy_GVC	CBy_GVC	CBy_GVC	CBy_GVC
DM	0.4169 ** (0.1700)	0.2393 * (0.1229)	—	—	2.4108 *** (0.4683)	1.7552 *** (0.2764)	—	—
DI	—	—	1.1224 *** (0.3648)	0.6644 *** (0.2378)	—	—	—	—
L.DM	—	—	—	—	—	—	6.4024 *** (0.9918)	4.9113 *** (0.8758)
控制变量	否	是	否	是	否	是	否	是
N	525	525	525	525	525	525	455	455

注：*** 、** 和 * 分别表示1%、5%和10%的水平上显著。
资料来源：根据 Stata 结果整理。

三、内生性处理

由于数字化和价值链地位之间可能存在逆向因果的关系，我国全球价值链地位越高就越可能加快数字化的建设，即被解释变量可能会对解释变量产生正向影响。虽然本书已经尽可能地控制影响价值链地位提升的所有因素，但是不免存在其他未观测到的遗漏变量，由此产生一定的内生性。因此，为克服模型可能存在的内生性问题，参考雷蕾娟和邓路（2022）的做法，将核心解释变量滞后1期作为工具变量，采用两阶段最小二乘法进行估计（2SLS）。结果如表6-2中第（7）列和第（8）列所示。结果表明，价值链地位与滞后一期的价值链数字化（L. DM）显著正相关，不存在弱工具变量的问题，说明该工具变量的选取符合要求。核心解释变量的符号和显著性与基准回归的结果保持一致，即在考虑内生性问题后，结论依然稳健。

第四节
异质性检验

由于行业类型的不同，有可能造成数字化对其价值链地位影响的差异，因此需要对样本进行异质性分析。将所有行业划分为基础产业、低技术制造业、中高技术制造业、商业服务业和个人与公共服务业5部门，并对其依次进行回归，结果如表6-3所示。可以看到，价值链数字化对价值链地位的显著提升作用主要存在于中高技术制造业和商业服务业中，对基础产业、低技术制造业及个人与公共服务业价值链地位的提升作用并不显著，其原因可能是基础产业和低技术制造业主要为劳动密集型行业，相关技术和数字化方面的投入力度较小，而个人与公共服务业本身国际生产分割程度不大，因而数字化对这些行业的价值链地位提升作用还不明显。中高技术制造业和商业服务业为资本、技术密集型行业，不仅国际产品内分工较深且不同分工环节效率较容易通过数字化提升，故中高技术制造业、商业服务业能够更有效吸收数字技术进行转型升级，促进其不断向全球价值链高端攀升。因此，通过异质性检验发现，数字化对中高技术制造业及商业服务业价值链地位的提升具有更大影响。

表 6 - 3　　　　　　价值链数字化对不同行业价值链地位影响的异质性

变量	(1)	(2)	(3)	(4)	(5)
	基础产业	低技术制造业	中高技术制造业	商业服务业	个人与公共服务业
	CBy_GVC	CBy_GVC	CBy_GVC	CBy_GVC	CBy_GVC
DM	1.3725 (.)	1.0814 (0.6143)	1.6169 *** (0.2820)	0.9228 *** (0.1998)	1.6939 (1.5779)
控制变量	是	是	是	是	是
N	30	135	105	180	75
R^2	0.9673	0.9023	0.8401	0.8445	0.7960

注：*** 表示在 1% 的水平上显著。
资料来源：根据 Stata 结果整理。

第五节

中介机制检验

首先，提出假设：数字化可以通过促进区域化提升进而促进全球价值链分工地位提升。通过借鉴王晶和林如意（2022）的研究，构建中介效应模型。然后，采用"三步骤"法验证价值链区域化在价值链数字化对价值链地位提升过程中的中介作用：第一步，验证价值链数字化对国际分工地位的显著正向影响；第二步，验证价值链数字化对价值链区域化的影响；第三步，让价值链数字化与价值链区域化同时进入模型，在固定价值链数字化后，验证价值链区域化特征对国际分工地位的影响，具体如式（6 - 2）至式（6 - 4）所示。

$$CBy\_GVC_{it} = \beta_0 + \beta_1 DM_{it} + \alpha Controls_{it} + \gamma_i + \delta_t + \delta_{it} \qquad (6-2)$$

$$RXB_{it} = \gamma_0 + \gamma_1 DM_{it} + \gamma Controls_{it} + \gamma_i + \delta_t + \delta_{it} \qquad (6-3)$$

$$CBy\_GVC_{it} = \omega_0 + \omega_1 DM_{it} + \omega_2 RXB_{it} + \omega Controls_t + \gamma_i + \delta_t + \delta_{it} \qquad (6-4)$$

其中，RXB 表示区域化程度，Controls 表示所有控制变量，γ_i 表示行业固定效应，δ_t 表示时间固定效应。其余设定同基准回归模型一致。选用固定效应模型对中介效应进行逐步回归检验，结果如表 6 - 4 所示。

首先，对式（6 - 2）进行回归，价值链数字化对全球价值链地位有正向影响，且在1%的水平上显著，故进行下一步检验；对式（6-3）进行回归，发现价值链数字化对价值链区域化有正向影响，且在1%水平上显著；对式（6-4）进行回归，发现价值链区域化对价值链地位提升有显著正向作用，且在1%的水平上显著，但自变量对因变量的影响仍在1%的水平上显著，只是系数稍微降低了一点，说明价值链区域化在价值链数字化对价值链地位提升影响过程中具有部分中介作用。据此，本书假设的数字化通过提高区域化的渠道提升全球价值链分工地位的作用机制成立。

表6-4　　　　　　　　　　　中介机制检验

变量	（1）	（2）	（3）
	CBy_GVC	XB 区域化	CBy_GVC
DM	1.7762 *** (0.2787)	0.5690 *** (0.2032)	1.7470 *** (0.2816)
RXB	—	—	0.0513 * (0.0258)
af	0.0108 *** (0.0032)	0.0036 ** (0.0016)	0.0106 *** (0.0032)
rd	0.0276 *** (0.0018)	− 0.0156 ** (0.0071)	0.0284 *** (0.0019)
人均 GDP	− 0.0273 *** (0.0045)	− 0.0319 *** (0.0064)	− 0.0256 *** (0.0046)
labsh	− 0.3039 *** (0.0407)	− 0.4757 *** (0.0612)	− 0.2795 *** (0.0391)
tld	0.2396 *** (0.0499)	0.3431 *** (0.0866)	0.2220 *** (0.0507)
_cons	1.4439 *** (0.0312)	0.4359 *** (0.0349)	1.4215 *** (0.0302)
N	525	525	525
R^2	0.5657	0.1789	0.5692

注：***、** 和 * 分别表示1%、5%和10%的水平上显著。
资料来源：根据 Stata 结果整理。

　　本部分基于2000年和2007~2020年我国35个行业的数据，实证检验了价值链数字化对我国价值链地位提升的影响、中介机制及异质性，主要结论如下：（1）数字化的发展促进了我国价值链地位的提升，通过替换自变量与因变量、进行缩尾处理及考虑内生性问题后，结论依然稳健；（2）通过异质性检验发现，价值链数字化对中高技术制造业和商业服务业的价值链地位提升促进作用较大，而对低技术制造业、基础产业以个人与公共服务业价值链地位提升的促进作用不明显；（3）通过中介机制检验发现，价值链数字化可通过提升价值链区域化促进价值链地位提升。

第七章

价值链数字化对中国国际分工
地位提升影响的案例分析

第一节
案例研究设计

本章采用多案例分析和程序化扎根理论相结合的方法，剖析工程机械行业中代表性企业价值链数字化对其参与全球生产网络的影响。基于丰富的数据资料，为成功构建机理模型，本节将从研究方法、典型案例选取及数据收集与分析策略三个方面制定研究设计，降低人为主观因素的影响，并为后续研究提供支撑。

一、研究方法选择

本书聚焦于价值链数字化对我国工程机械跨国公司参与全球生产网络的影响，重点关注影响的过程和中介机制，即价值链数字化是否促进企业由被动后向嵌入生产网络向自主构建生产网络转变，实现价值链升级以及颠覆式创新是否在其中充当中介机制角色。本书采取基于扎根理论的多案例法的主要原因如下。

（1）本研究中存在无法量化的影响因子，若采取定量研究法则有失公允。在管理学领域中，本研究属于研究 How 和 Why 的问题，具有归纳性和探索性特征。区别于定量研究方法，质性研究方法基于实际情况，可以全面探索并分析量化与非量化因素，适用于解决定性问题，尤其是以新颖角度研究某一个问题或是某个领域的理论研究相对薄弱的时候，该研究法有利于研究者通过深入了解典型案例发生的原始情境，从复杂现象中挖掘更多细节并发现潜藏逻辑，进而得到普遍性结论。

（2）本研究意图从复杂案例资料中发现价值链数字化对参与全球生产网络的影响机理。运用多案例研究法可以对比多个样本企业的数据，不断完善并检验机理模型饱和性，剔除机理模型的单一特殊性可能，提高研究的全面性与准确性，使结论可复制、可推广，可应用于其他的相关企业发展中。因此，本研究采用多案例研究法。

（3）本研究所探讨的问题尚无成熟理论模型，故需要从案例资料中提炼并构建新的理论模型。扎根理论作为一种代表性的质性研究方法，能够从真实有效的案例资料中发现概念、提炼范畴、形成故事线并最终构建理论。其基于丰富的数据资料，可以深度挖掘各事件的内在机理，同时，该方法将数据收集与数据分析同时展开，在分析的过程中可以不断地补充新的数据资料，即在构建理论的同时反复对比数据资料，使理论趋于饱和。另外，学界基本认可扎根理论分析法的有效性和可信度，其规范的资料搜集、数据分析、程序性编码以及三角验证等环节也为最终理论的形成提供了保障，弥补了其他定性研究方法存在的理论不饱和、操作不规范以及可信度低等缺陷。扎根理论的程序图如图 7-1 所示。

综上所述，本书将多案例研究与扎根分析方法结合，有助于全面清晰地挖掘与探究多案例企业关键性事件和各范畴之间的逻辑联系，从而得到工程机械跨国公司价值链数字化对其参与全球生产网络的影响机理，力求理论研究过程严谨规范，研究结果扎实可信。

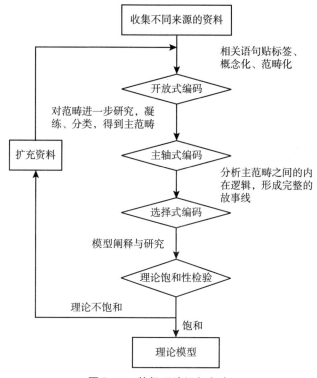

图 7 - 1　扎根理论运行程序

二、典型案例选取

　　基于研究目的和研究问题的特性，在案例企业的选择上，本书遵循扎根理论的基本原则——理论抽样原则，运用目的性抽样方法，尽可能抽取符合本研究主题的素材样本。另外，除了考虑案例企业符合研究主题外，还应该考虑案例企业是否具备典型性和代表性，以及在后期的三级编码过程中数据资料的充分性与可获得性。基于以上原则设定案例筛选标准：（1）案例企业属于我国工程机械行业中的领军企业，发展相对成熟且在行业内具有代表性和典型性；（2）案例企业存在全流程价值链数字化变革，实现颠覆式创新等相关事实，已形成通过价值链数字化实现参与全球生产网络模式变革与参与绩效提升的成功模式，符合本书主题，且具有理论研究价值和推广复制的现实意义；（3）案例企业的相关资料足够丰富并且可通过相关渠道获取。

　　基于案例企业选择的代表性和全面性原则，根据坎布拉－菲耶罗等（Cambra－Fierro et al.，2012）的建议，多案例研究对象最佳数量为3~6个，本书选取三一重工、徐工机械、中联重科3家企业为研究对象。三家企业均为工程机械行业的"领头羊"，在数字化与全球化领域进行了多年探索，成果颇丰。同时，案例企业均为上市公司，不仅各项信息披露及时，还有大量的相关媒体报道，其数据的准确性与可靠性较高。其中，基于三一重工的国内国际影响力以及其成功范式更具有典型性，选取三一重工为主要研究对象，探索不同数字化阶段三一重工价值链各环节数字化对其参与全球生产网络模式与参与绩效提升的影响机理，并以徐工机械与中联重科两家企业为辅助研究对象，对理论模型进行检验和补充完善。

三、数据收集与分析策略

　　基于数据的信度与效度考虑，本书严格依据三角测量要求进行数据收集（Yin，1981），从多种渠道和多种角度收集案例企业资料，使不同来源渠道的数据之间能够相互交叉验证、相互补充，以获得全面完善的编码结果。通常情况下，学者们利用深度访谈和调查问卷等为主的一手资料进行扎根分析，但由于缺乏获得一手访谈资料的条件，本书主要通过收集二手资料进行文本分析。关于企业刊物、年报等二手资料能否作为扎根理论分析的数据基础，有学者指出，只要二手资料具备一定的思想性，就可以成为扎根理论研究的素材，而且目前国内外学者们基于二手资料进行编码分析的案例相当成熟（1981）。例如，张新香（2015）、刘明霞和宗利成（2021）等均是以二手资料为基础进行案例企业的探索性分析。只要数据资料能够从正规渠道获取且该数据资料能够形成完整清晰的编码逻辑，则可以使用二手资料进行案例的扎根分析。基于此，本书的数据资料包括以下4个方面。

　　（1）企业官方网站、微信公众号等企业官方渠道获取的公开资料。查找三一重工、徐工机械和中联重科的年报、季度报告等统计性文件；访问三一重工、徐工机械和中联重科的官网，查找3家企业数字化和全球化发展报告、相关的新闻动态及电子刊物，整理企业开展数字化项目、建设智慧工厂、在外设厂等事件所披露的信息，得到 148 篇相关公开资料。

（2）工程机械行业和权威商业机构发布的参考性资料。从中国工程机械网站查找我国工程机械行业年鉴和杂志，对其中涉及三个企业数字化、国际化和企业升级等相关内容的文章进行摘录；利用 Wind 数据库，查找并整理各大券商如浙商证券、华安证券等发布的工程机械行业研究报告，整理得到 77 篇参考性资料。

（3）学术性研究网站上检索到的相关文献与书籍。在中国知网、百度学术等学术研究网站中以"三一重工""徐工机械"和"中联重科"为主题词进行检索，并对检索到的论文进行甄选，获得相关文献 61 篇；同时以"三一重工""徐工机械"和"中联重科"为主题词在学校电子图书馆等渠道搜索到《工业大数据》等相关书籍，摘录其中涉及企业数字化、企业升级和企业国际化布局的相关资料。

（4）权威网站上涉及本书研究问题的相关文章、新闻报道、访谈与视频资料。利用百度、谷歌和夸克等搜索引擎对涉及 3 家企业的相关内容、高层管理者的相关访谈以及视频资料进行搜索，共搜索到来源于人民日报、央视网、湖南日报、江苏日报、新浪财经、东方财富等网站的新闻报道 74 篇，企业访谈 10 篇，视频资料 4 份。

本书采用规范的程序化扎根方法进行数据资料分析，围绕数据材料中的既定事实，自下而上地归纳演绎。同时，参考佩蒂格鲁（Pettigrew，1990）的做法，将以上 4 种来源的数据资料反复阅读、对比与交叉检验，确保数据资料真实可信，梳理提炼三一重工、徐工机械和中联重科在数字化变革与价值链升级过程中的关键性事件，形成原始数据，探索关键事件中可能存在的因果关系。随后，以人工编码为主，Nvivo11 软件为辅，对数据材料进行三级编码以提高编码操作的规范性。具体而言，首先，对原始数据资料逐字逐句贴标签，再将标签分类整理获得初始范畴；其次，将初始资料标签化后的范畴遵照案例发展的阶段性逻辑进行梳理，区分各范畴之间的从属关系；最后，归纳总结逻辑关系，得到理论模型。

第二节
案例企业的扎根分析

基于上述的研究设计和方法，本章采取多案例的扎根分析，首先对三一重工、徐工机械和中联重科 3 家企业的发展概况进行梳理，然后对案例企业的价值链数字化、颠覆式创新和企业参与全球生产网络的模式与绩效进行三级编码，进而梳理出各范畴间的逻辑关系，探究价值链数字化如何影响企业参与全球生产网络，从而开发出故事线。

一、案例企业简介

（一）案例企业的基本情况

1. 案例公司基本信息

表 7 – 1 展示了三家案例企业的基本信息，三一重工、徐工机械和中联重科是我国工程机械行业的三大巨头，分别于 1994 年、1989 年和 1992 年成立。三家案例企业凭借强大的研发能力和国际化布局，在挖掘机、混凝土机械、起重机等领域突飞猛进，销售额实现了大幅增长，迅速稳固了国内国际市场地位，不断推动"中国制造"走向世界舞台。在 2021 年英国 KHL 集团公布的全球工程机械制造商 50 强排行榜中，三一重工、徐工机械和中联重科分别排名第四、第三和第五。

表 7 – 1　　　　　　　　　　案例企业的基本信息

企业	成立时间	主营业务	主要产品范围	全球行业地位
三一重工	1994	从事工程机械相关业务	混凝土机械、挖掘机械、起重机械等	混凝土设备全球第一；世界工程机械行业第四
徐工机械	1989	从事工程机械相关业务	起重机械、铲运机械、压实机械、路面机械、桩工机械等	轮式起重机市场占有率全球第一；世界工程机械行业第三

企业	成立时间	主营业务	主要产品范围	全球行业地位
中联重科	1992	从事工程机械和农业机械相关业务	混凝土机械、起重机械、土石方施工机械、桩工机械、高空作业机械等	世界工程机械行业第五

资料来源：根据三一重工、徐工机械和中联重科官网整理所得。

2. 公司经营发展情况

（1）企业规模和研发人员占比。在企业规模方面，表 7 - 2 中的数据表明，案例企业均属于大型工程机械企业，2004～2011 年，三一重工、徐工机械和中联重科的员工人数均呈快速增长态势；在 2011 年达到峰值后缓慢降低，直到 2017 年开始增长，于 2020 年分别达到 2.5 万人、1.5 万人和 2.4 万人，说明随着企业规模不断扩大，呈现出明显的大规模生产制造特征。对于研发人员占比，案例企业均呈现出稳步增长的趋势，说明案例企业均重视对研发技术人员的引进与培养，进行自主研发设计，实现企业技术创新。2020年，三一重工和中联重科的研发人员占比均超过 20%，徐工机械稍显落后，但也达到 18%，充分说明案例企业对研发人员的重视程度之高。

表 7 - 2　　　　　　2004～2020 年案例企业规模与研发人员占比情况

年份	三一重工		徐工机械		中联重科	
	企业规模（人）	研发人员占比（%）	企业规模（人）	研发人员占比（%）	企业规模（人）	研发人员占比（%）
2004	4091	6.99	5631	8.42	—	—
2005	5210	5.22	4393	10.95	6656	17.83
2006	6322	5.30	4474	6.62	7888	18.79
2007	9231	7.00	4884	6.35	12301	14.82
2008	16656	7.93	4736	5.93	18681	15.32
2009	21598	9.11	12072	7.50	18511	16.29
2010	42367	12.85	13059	8.37	22356	19.65
2011	51827	11.79	16605	10.62	28833	23.15

年份	三一重工		徐工机械		中联重科	
	企业规模（人）	研发人员占比（%）	企业规模（人）	研发人员占比（%）	企业规模（人）	研发人员占比（%）
2012	34887	15.72	15206	17.32	31707	25.65
2013	28414	15.16	16292	16.87	27028	27.32
2014	22887	11.49	15920	16.37	20314	27.24
2015	16119	10.99	14599	14.93	19141	21.85
2016	13760	12.46	13461	15.94	15154	20.92
2017	14149	12.79	13620	15.87	13461	19.85
2018	17383	13.02	14310	16.56	15121	20.63
2019	18450	17.37	14449	17.97	19016	23.09
2020	24586	21.74	15191	18.55	23528	25.47

资料来源：根据三一重工、徐工机械和中联重科 2004～2020 年年报整理所得。

（2）企业经营状况。如图 7-2 所示，2004～2020 年，案例企业主营业务收入呈先增后降再升的趋势，尤其是在 2016 年以后呈快速增长态势，这与整个工程机械行业发展关系密切。2020 年，三一重工主营业务收入达到 900 多亿元，并且基本每年主营业务收入均高于徐工机械和中联重科。销售毛利率是衡量企业盈利能力的重要指标之一，一般认为，销售毛利率低则企业获利能力较差。在图 7-2 中，三一重工的毛利率也普遍高于中联重科和徐工机械，再次说明三一重工整体经营状况明显优于另外两家企业。

（3）国际销售情况。三一重工、徐工机械和中联重科均是行业内布局海外市场的先行者，主要以直接出口产品、跨国并购、投资建厂以及本土化战略等方式提升国际市场占有率。如图 7-3 所示，从国际销售额和销售占比两个指标来看，2004～2020 年，三家企业的国际销售额和国际销售占比的整体走势基本趋同。2010 年以前，徐工机械的国际销售占比明显高于三一重工和中联重科两家企业，到了 2013 年，三一重工远超徐工机械和中联重科，且在 2020 年，其国际销售额达到 140 亿元，表明三一重工摆脱了进入国际市场的后发劣势，实现了较高的国际化水平。

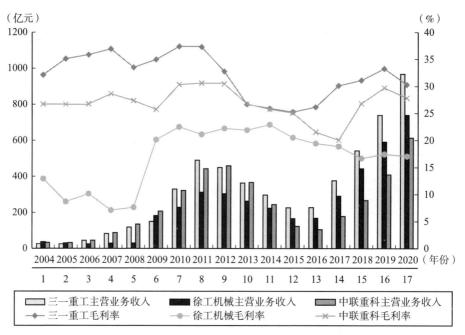

图7-2 三一重工、徐工机械和中联重科经营状况

资料来源：根据三一重工、徐工机械和中联重科2004～2020年年报整理所得。

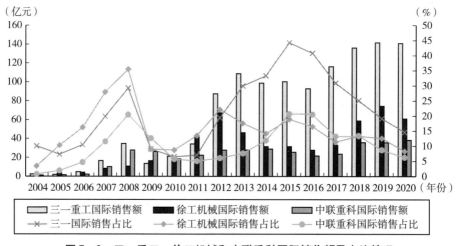

图7-3 三一重工、徐工机械和中联重科国际销售额及占比情况

资料来源：根据三一重工、徐工机械和中联重科2004～2020年年报整理所得。

（二）案例企业的数字化进程

作为我国战略性新兴产业的工程机械行业，其发展基本遵循繁荣（2000～2011 年）→衰退（2012～2015 年）→复苏（2016 年至今）的脉络。在遭受 2008 年的金融危机重击后，全球经济脆弱不堪，我国工程机械行业有幸在政府"四万亿"计划的刺激下，呈现出需求旺盛、短暂繁荣景象。但在 2012 年前后，宏观经济转型、固定资产投资降低等因素影响了我国工程机械行业发展，处于调整期的工程机械行业出现了 10 年以来的整体下滑。直到 2016 年，得益于《国家新型城镇化规划（2014～2020 年）》战略推进、基础设施建设兴起以及《中国制造 2025》等积极因素，我国工程机械行业不仅发展动力得以增强，也开启了全面数字化转型的新篇章。

1. 三一重工数字化进程①

三一重工作为工程机械行业的龙头企业，其数字化战略发展紧随工程机械行业发展总体趋势，呈现出明显的阶段性特征。三一重工数字化进程如图 7－4 所示。

第一个阶段（2004～2010 年），信息化阶段。2004～2010 年，我国工程机械行业发展兴旺，国内基础设施建设需求旺盛，工程机械行业的跨国公司得以迅速发展。三一重工以 2004 年上线 OA 企业办公系统为开端，运行 SAP、ERP 项目，开发 MRP II 制造资源计划、EEC 企业控制中心和 M2M 远程数据采集与监控平台等信息化项目，以搭建信息化平台的方式开启了信息化时代，实现企业管理与业务流程的在线化。

第二阶段（2011～2015 年），数字化阶段。在此阶段，由于整个宏观经济不景气，工程机械行业停滞不前，发展受限。然而，三一重工并没有被国内不良营商环境制约，毅然坚持推进企业数字化转型升级，谋求发展。2012 年，在开启数字化工厂试点运行两年后，18 号工厂正式全面投产，实现了"数字化研发设计—数字化装配分拣—数字化运营管理"的闭环控制，产品全流程数字化成果突出。2013 年，三一重工与 SAP 和 IBM 建立合作战略伙伴关系，构建数字化管理体系；2015 年更是乘胜追击，将数字化拓宽到营销服务

---

① 根据三一重工官网资料整理所得。

领域，搭建起O2O互联网营销平台和大数据存储与分析平台，实现了营销环节数字化转型。

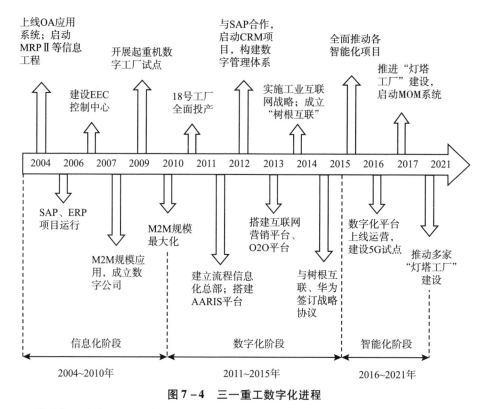

图7－4　三一重工数字化进程

资料来源：根据三一重工官网整理所得。

第三阶段（2016年至今），智能化阶段。在2015年《中国制造2025》正式发布后，众多企业高举工业互联网大旗，积极推动企业全面数字化与智能化。2016年，三一重工全面推进数字化管理，实施工业互联网战略，成立了"树根互联"工业互联网平台，采用大数据、边缘计算等数字技术，为市场与客户提供端到端的一站式服务，打造工业互联网生态圈。2018年，公司全面推进研发信息化（PLM）、营销信息化（CRM）、产销存一体化（SCM）、供应商管理信息化（GSP）、制造设备智能化等项目，助推智能制造。2019年三一重工开始与其他企业深化5G合作，建设5G试点产业园区；2020年启动

MOM 制造运营系统，大力推进"灯塔工厂"建设。三一重工已经实现全国范围内 11 家"灯塔工厂"的建设投产，智能化成果有目共睹。

三一重工的数字化历程可以说是以搭建信息化管理平台，推动企业内部信息互联互通，实现流程变革、建设数字化工厂，提升产品的精细化水平，实现产品全生命周期网络化和数字化、建设智能工厂，搭建工业互联生态圈，实现高端、智能、绿色、环保产品的柔性生产为主线。依托大数据实现产品全生命周期的数据控制，从而进行产品的改造升级与服务优化，实现产品的精益制造和更高质量服务。

2. 徐工机械数字化进程①

与三一重工数字化布局相似，徐工机械的数字化进程大致分为两个阶段。

第一阶段（2004～2013 年），信息化阶段。以实现企业业务在线化、信息化为主要目的。早在 2007 年以前，徐工机械就开始探索 ERP 系统和 MRP Ⅱ 项目，直到 2007 年，徐工机械才启动 MRP Ⅱ 项目，踏上信息化征程。在此期间，徐工机械成立信息化管理部门，引入 SAP 平台和 ERP 平台，部署并启动 CRM 系统和 MES 系统，推进"4321"信息化工程建设，实现了企业业务数据化，为接下来的数字化和智能化做好了准备。

第二阶段（2014 年至今），智能化阶段。区别于三一重工，徐工机械在信息化与智能化两个阶段的过渡期较短，而且并没有明晰的分界线。在此阶段，徐工机械成立行业内第一家信息服务公司——徐工信息，并荣获国家工业和互联网融合示范试点。在 2017 年智能制造新规划和"互联网＋"融合行动方案中，其启动了工业云——"汉云"工业互联网平台，开发全球首条起重机转台智能生产线，实现各业务环节的数据驱动和数据共享。2018 年，首次提出将数据定义为资产，在数字化系统基础上进行改造升级，构建徐工全球数字化备件服务信息系统 X - GSS。同时，将数字化延伸到营销服务领域，搭建跨境电商平台，打造螳螂网和 Machmall 两大品牌网站。此外，徐工将数字化重点放在建设智能工厂上，大力推进厂房园区智能管理，构建 5G 智慧园区，推动 5G 工厂建设。

---

① 根据徐工机械官网资料整理所得。

由此可见，徐工机械通过搭建信息化系统和平台筑牢数字化基础，通过工业互联网平台"汉云"实现数据业务化，通过构建智能工厂实现全面数字化。

3. 中联重科的数字化进程①

中联重科作为我国工程机械行业跨国公司布局数字化的先行者之一，其数字化进程与三一重工的模式大致相同：从 2005 年全面实施 OA 企业管理应用等信息化应用，建设企业信息化平台，对资源进行重新配置；到 2013 年实现 ERP、PLM 和三维应用全面覆盖；再到 2016 年启动"客户端对端"管理平台建设，推进产品从研发、设计到交付与售后等全流程一体化管理。近年来，为深入推进智能制造和"互联物联"并实现商业模式创新，中联重科持续推进 4.0 产品工程和中联 e 管家、智慧商品等一系列客户化移动应用产品，推动高端化、智能化和绿色化产品的开发。

（三）案例企业的国际化进程

随着经济全球化发展，我国龙头企业纷纷通过对外直接投资、海外建厂和跨国并购等方式积极融入国际化浪潮，以此提升我国跨国公司在国际市场中的竞争力。

1. 三一重工国际化进程②

三一重工的国际化进程可以看作由近及远、由整体到局部再聚焦重点的布局，由最开始具有地理优势的印度为代表的亚太地区，到市场成熟、技术水平高的欧美市场，再到与共建"一带一路"国家和地区加强合作，整个进程可分为三个阶段。

第一阶段（2002～2005 年），国际化初始阶段。以直接对外出口产品为开展国际业务的主要手段。2002 年，三一重工在印度成立第一家海外销售公司，之后在东南亚和北非建立大量的办事处，完善海外经销体系，以亚非市场为突破口，进军国际市场。

第二阶段（2005～2010 年），国际化扩张阶段。以对外直接投资为推进国际业务的主要手段。在此期间，三一重工与印度、德国、美国和巴西达成

---

① 根据中联重科官网资料整理所得。
② 根据三一重工官网资料整理所得。

了投资协议，并在印度普纳、美国佐治亚州、德国北威州和巴西圣保罗建立制造基地，其国际化布局在此阶段基本完成。

第三阶段（2011年至今），国际化深化阶段。以本土化为发展战略，以提高国际服务水平为目标。2015年，采取"双聚焦战略"——聚焦重点国家与地区、聚焦产品，推进"组团出海"大力发展国际产能合作再到近几年推进海外O2O模式、完善海外代理商以及配套产品体系、建设海外客户云，加强海外数字化工作，提高海外的服务水平。

2. 徐工机械的国际化进程①

经历了20多年的国际化探索与发展，徐工机械通过直接出口产品、跨国并购、海外建厂和建立全球生产体系四个方面进行国际化建设，发展脉络与三一重工趋同。具体而言，在国际化初始阶段，以徐工机械出席第23届德国慕尼黑国际工程机械博览会为标志，开始通过出口产品参与全球生产网络。在国际化扩张阶段，徐工机械通过在波兰建立海外装配公司、在巴西投资建厂、在欧美建立海外研发中心等众多举措，由开始的产品输出转换为资本输出，从而推动国际化建设。在国际化深化阶段，随着徐工海外品牌的持续输出，海外需求扩大，徐工机械开启了跨国并购之路，如通过收购零部件研发制造公司荷兰AMCA公司等，获得国外成熟技术，进一步提升全球市场份额。

3. 中联重科的国际化进程②

目前，中联重科已经成长为全球性的工程机械跨国公司，排名仅次于三一重工和徐工机械。中联重科于2000年正式启动国际化建设项目，但与三一重工和徐工的机械"直接出口产品——海外投资建厂——部分并购——本土化"的国际化模式不同的是，其并没有以海外投资建厂为主要手段，而是以跨国并购为主。仅在2001~2018年，中联重科先后并购了10余家外国企业，包括英国保路捷、意大利CIFA、德国T-MEC、荷兰Raxtar以及全球塔机领先制造商德国威尔伯特（Wilbert）等，其依赖跨国并购的方式引进国外成熟技术，进行产品升级从而使市场份额得以不断提升。

---

① 根据徐工机械官网资料整理所得。

② 根据中联重科官网资料整理所得。

三家案例企业无论是在数字化战略还是国际化战略上既有相似之处又存在诸多不同，通过对三家案例企业的扎根分析，能够更加全面地揭示数字化与企业参与全球生产网络方式与参与绩效的因果关系，进而构建更加完善、更具有说服力的新理论。

二、数据编码与分析过程

（一）数据编码过程

基于前文对案例企业数字化进程划分的阶段和获得的数据资料，为更加明晰理论的涌现过程，本部分依次从信息化、数字化和智能化三个数字化发展阶段，围绕"价值链数字化""颠覆式创新""全球生产网络参与方式"和"全球生产网络参与绩效"四个核心议题，对三家案例企业逐一编码，同时，每个阶段的编码严格按照以下三个编码程序。

第一步，开放式编码。开放式编码不仅是扎根理论分析的第一个环节，也是三级编码的基础，全过程可以概括为"提炼资料－贴标签－概念化－范畴化"。具体而言，在执行开放式编码分析时，将对企业数字化、参与全球生产网络等相关的语义信息进行分类，为不同的语义信息贴上标签，整合成初始概念，再将初始概念进一步概念化和抽象化，以逻辑关系和相似程度为准绳确定初始范畴。整个过程相当于处理一个聚敛问题。同时，其要求尽可能全面归纳出初始概念与范畴，逐词逐句地比对研究资料，秉承开放态度进行编码分析，不预设研究事件，以得到全面细致且数量充足的初始范畴，为下一阶段的编码分析奠定基础。

第二步，主轴式编码。主轴式编码在整个编码分析的过程中承担着承上启下的作用。基于开放式编码，虽然得到了大量的初始范畴，但在逻辑上，这些初始范畴之间仍处于离散状态，不具备高度凝练性，因此，需要借助主轴式编码进一步得到更具有概括性的主范畴。

第三步，选择式编码。选择式编码作为扎根理论分析法的最后一步，也是最为关键的一步，对于最终理论的呈现至关重要。基于选择式编码，即便是相同的案例资料或类似的范畴也有可能构建出不同的理论模型。基于开放式编码和主轴式编码结果，选择式编码进行再次聚类，归纳出核心范畴，并探索核心范畴之间的逻辑关系，从而生成理论模型。具体的研究方式可以选择任意从多个主范畴中找到或归纳出一个核心范畴，核心范畴与主范畴有一定的相关度并且能够解释主范畴，而且核心范畴将所有的主范畴连接形成一条故事线，由此说明主范畴之间的关系并构建理论模型。

（二）编码结果与分析

1. 信息化阶段

表 7-3 展示了三一重工在信息化阶段的部分编码结果与示例。在此阶段，三一重工锁定低端市场，创新市场定位，以信息化变革为契机，实现技术的二次创新与商业模式的定位创新，从而萌发出颠覆式创新范式；而且其参与全球生产网络的方式主要以零部件进口并简单加工组装的方式被动地嵌入全球生产网络中，由于生产管理等信息化变革和技术二次创新，一定程度上促进了企业工艺流程升级与产品升级。

（1）价值链信息化：研发设计信息化、生产制造信息化和营销服务信息化。在信息化阶段，三一重工在产品的研发设计、生产制造和营销服务各环节引进信息技术，如搭建 OA 企业管理系统、研发设计一体化体系和数据采集与监控平台等，实现企业内部各环节互联互通，凭借全球范围内的协同设计，将生产数据统一采集和处理，形成"数据流"，从而实现服务信息在线管理和设备联网。同时，三一重工建设了在线的知识管理系统，加强了企业内部的知识流动与交流，实现企业内部的协同发展。

（2）颠覆式创新萌芽：技术二次创新和商业模式定位创新。企业通过引进技术、设备、人才等方式，结合本国国情与市场需求，对引进的技术消化吸收并形成自我技术，即在技术模仿的基础上进行符合企业发展的技术改进，属于技术二次创新范畴（杨水旸，2005）。早期，三一重工通过引进设备与人才，学习外部技术，掌握先进技术基本框架和作用过程，在理解技术的基本原理的基础上，进一步吸收其框架和实现过程，针对目标市场需求进行模仿与再创新，形成更加贴近目标客户以及与企业能力相匹配的技术，实现企业自身技术水平的提升。

表7-3   三一重工信息化阶段部分编码结果与示例

核心范畴	二级编码	三级编码	原始资料示例
价值链信息化	研发设计信息化	知识流动与获取	依托 OA 企业管理平台，建设知识管理体系，促进内部的知识流动
		协同研发设计	基于 PDM 系统，企业研发数据在全球范围内实现安全共享，形成标准化知识
	生产制造信息化	生产网络全覆盖	网络布线已覆盖从办公区到厂区的各点，基本保证企业内部信息传递
	营销服务信息化	多线协同服务	2007 年，运行中国工程机械行业第一个 ECC（企业设备控制中心），对设备进行远程指导，创造多线协同的服务模式
		信息服务共享	2010 年，推出全球性的配件查询系统，产品配件的各种信息，如价格、库存等均实现线上化
颠覆式创新萌芽	技术二次创新	引进技术	生产部部长与同行的 30 位学员刻苦学习，向德国技术专家请教
		引进设备	生产部经理王东东表示，引进海别得机器人等离子金属切割系统，使三一重工实现了更光洁的切割
		模仿创新	在市场上购买非关键的标准化零部件进行加工组装，核心部分由易小刚设计
	商业模式定位创新	低端市场定位创新	梁稳根认为从客观上来说，那些"洋品牌"价格高，服务却不行，工程机械行业存在价格适中的缝隙市场
		核心价值确定	三一董事长认为，如何生产出符合客户需求和喜好的高性价比产品是客户永恒不变的需求，对于企业而言至关重要
参与全球生产网络模式	后向参与	零部件进口依赖	当时的零部件大多从国外进口，例如液压件从德国博世力士进口
		加工组装	三一重工产品的主要元器件采用国际一流原装品牌，自制则采用德国、日本等先进进口设备加工完成
		整机产品国产替代与出口	2009 年，三一重工国内市场约为 60%，整机产品实现了进口替代
参与全球生产网络绩效	流程升级	业务流程水平提升	信息化将各部门连接起来，各环节的业务流程实现重新排列组合，企业管理水平提升
	产品升级	产品性能质量提升	企业内部的信息集成促进了数据在 PDM 与 ERP 系统之间的有效传递，提高了产品质量和性能

资料来源：根据三一重工 2004~2020 年年报整理所得。

企业结合自身资源与能力，深刻剖析市场结构，以低端市场或新的细分市场为突破口，提供质量略低于主流企业但满足客户需求的产品，从而实现商业模式的定位创新，以快速打开市场，其本质可以理解为价值主张设计的优化。三一重工的前身是湖南省涟源市焊接材料厂，当时只是承接材料焊接等业务，梁稳根董事长认为当时的国内市场虽然被外企全面占据，但是外国产品价格定位非常高，且产品与服务并未真正做到本土化，不能解决本地客户痛点，存在着价格适中且产品符合我国消费者需求的缝隙市场，由此决定采取"双进战略"进军工程机械行业。

（3）参与全球生产网络模式：后向参与。就国家层面而言，全球生产网络的后向参与一般指一国进口中间产品用于生产出口产品，从微观企业角度来讲，企业被动地后向参与全球生产网络意味着企业进口国外零部件用于国内产品的生产与出口。三一重工最开始投身于工程机械行业时，由于缺乏关键技术，产品的主要元件均选用国际巨头所生产的一流原装品牌，在引进零部件的基础上进行加工组装，就算企业自制作也是依赖德国等发达国家的先进设备。

（4）参与全球生产网络绩效：流程升级和产品升级。流程升级是指由于企业通过学习或创新，革新工艺流程，实现技术进步，提高劳动生产效率，缩短产品生产周期，使企业的制造环节更加占有优势并得到更高的附加值（Gereffi，1999b；Humphrey and Schmitz，2002）。三一重工在信息技术的加持下，革新了企业流程，实现了"去产能""去库存"的目标。产品升级是指由于企业顺应市场变化从而提高技术、更新产品，生产出复杂程度较高、市场需求旺盛的产品，从而提高企业价值（Gereffi，1999b；Humphrey and Schmitz，2002）。通过技术的二次创新，三一重工将符合中国市场需求的技术应用于工程机械产品上，提升了三一产品在我国的市场份额。

2. 数字化阶段

表7-4展现了三一重工数字化阶段部分编码结果与示例。在数字化阶段，三一重工依托大数据平台、三维仿真促进研发设计环节的数字化，依托"18号工厂""数字工厂"和"数字营销系统与平台"推动生产制造和营销服务环节的数字化。通过数字化项目推动产学研的深度合作，优化资源的全球

配置，构建开放包容的全球协同研发与设计体系，促使技术集成创新，实现泵、阀、变速箱等关键零部件的自产，提升产品和服务核心能力，迸发出"互联网电商"的新型商业模式，进一步促进企业的颠覆式创新与企业流程、产品和功能升级。

表7-4　　　　　　　三一重工数字化阶段部分编码结果与示例

核心范畴	二级编码	三级编码	原始资料示例
价值链数字化	研发设计数字化	搭建大数据平台	搭建具备各类数据接入能力及数据质量可视化分析能力的技术平台
		三维辅助设计	采用数字化技术作为支撑，不仅能在电脑中设计好图纸，还能通过三维模拟和仿真模拟验证后进行生产
	生产制造数字化	数字化生产模式	运用信息技术平台重新合理配置资源，建设具备三一特色的SPS生产方式
		建设数字工厂	启动工程机械产品加工数字化车间项目
	营销服务数字化	搭建数字营销系统与平台	搭建了公司的互联网营销平台、O2O平台，构建线上精准营销和数字化客户互动能力
颠覆式创新发展	技术集成创新	产学研合作创新	与长安大学合作完成液压平地机关键技术攻克，成为行业首家掌握高速牵引式行驶液压技术的企业
		开放型研发设计	在海外建立三一重工自己的协同研发平台，吸引全球研发人员共享知识，共同开发新技术
		技术持平	从整体技术来看，与国外技术已经不相上下
	商业模式运营创新	开启互联网电商模式	2012年，引入互联网电商，代替传统的代理商模式，实现企业与顾客的"面对面交流"
		服务核心能力培育	在业内首推"量化的承诺数字+明确的补偿方式"承诺模式，再一次颠覆了混凝土机械行业服务标准
		一体化解决方案	率先提出6S中心理念，实现产品"一条龙"服务
参与全球生产网络方式	后向参与向前向过渡	零部件的自制与量产	泵、阀、变速箱等关键零部件自制实现重大突破，油缸、自主控制器等实现批量生产

续表

核心范畴	二级编码	三级编码	原始资料示例
参与全球生产网络绩效	流程升级	精益制造	引入日本丰田的精益生产管理体系，采用自动化程度高的生产设施
	产品升级	产品高端化	我们卖的不只是产品，还要把服务的内涵融合进去，把服务当作产品的一部分来做
	功能升级	向品牌服务环节攀升	三一更加注重自身的品牌建设，提升产品服务

资料来源：根据三一重工 2004～2020 年年报整理所得。

（1）价值链数字化：研发设计数字化、生产制造数字化和营销服务数字化。基于前一阶段，价值链数字化具体表现为产品研发设计、生产制造和营销服务各环节进一步数字化，主要以三维仿真模拟设计、数字工厂和营销服务互联网化为核心。在此阶段，三一重工重点聚焦于生产制造环节的数字化，其在"互联网＋工业"战略规划的指导下，建设数字化起重机生产线和数字化工厂试点，并凭借互联网营销平台和 O2O 平台推动客户管理在线化，成功捕捉消费者偏好，实现全产业链的业务变革。

（2）颠覆式创新发展：技术集成创新和商业模式运营创新。技术集成创新是实现颠覆式创新必不可少的关键环节。企业基于产学研合作和开放型研发设计等渠道组合整理外界资源，借助内外部力量进行创新，以此实现技术集成创新。三一重工与长安大学、兰州理工大学等建立了产学研合作，不仅如此，还与外部多个企业联动攻关，研发了大载荷独立悬架技术等，破解了世界难题，打破了技术引进的"天花板效应"，寻求了新的技术属性集成。

企业大力发展一体化和平台化的营销策略创新运营模式，积极布局营销网络，提升客户满意度，并与上下游企业共同实现价值网络重构从而追平主流市场的在位企业，即通过创新产品与服务模式实现商业模式运营创新，其本质是价值创造的重构。三一重工积极地由传统的工程机械供应商向工程机械设备一体化解决方案提供商转型，从之前单一的产品销售转变为成套设备销售，并提供产品全生命周期管理的专业化服务，实现了多元化营销模式。技术的集成创新和商业模式的运营创新相辅相成，促进了企业颠覆式创新的发展。

（3）参与方式：后向参与逐渐向前向参与过渡。三一重工不断加大研发人员与研发费用的投入，希望通过技术集成创新攻克零部件的研发难关，实现零部件自制，向前向参与全球生产网络过渡。在此阶段，虽然核心零部件没有摆脱进口，依然存在"低端锁定"的窘境，但三一重工依托技术的集成创新，研制出了混凝土泵车臂架、液压油缸、汽车底盘以及高强度钢等零部件，实现了部分国产零部件替代，可以不完全依赖国外进口，参与全球生产网络的方式进入由后向参与向前向参与转变的过渡期。

（4）参与绩效：流程升级、产品升级和功能升级。功能升级指企业价值链从加工组装向研发设计、品牌营销等高附加值环节延伸，而原价值链的水平并不发生改变（Gereffi，1999b；Humphrey and Schmitz，2002）。三一重工通过运营数字车间项目，使设备逐渐透明化和效率化，提升了工艺流程。同时，通过价值链数字化，企业生产的产品更加高端，产品更具竞争力，而且随着产品和服务核心竞争力的不断增强，三一重工投入更多的资源从事品牌、服务等高附加值环节的生产活动。因此，价值链数字化进一步促进了三一重工的流程升级、产品升级和功能升级。

3. 智能化阶段

表7-5展现了三一重工智能化阶段部分编码结果与示例。在此阶段，企业依托工业互联网平台、智能制造、智慧营销和智慧服务推进技术和商业模式的颠覆创新，实现后发企业对在位企业的赶超，推动企业参与全球生产网络模式由后向参与转变为前向参与，构建起"生产＋服务"的新盈利模式，实现由"单一设备制造"向"配套设备制造＋服务"的跨越和整个链条的跃迁，为工程机械行业树立起新标杆。

表7-5　　　　　　　　三一重工智能化阶段部分编码结果与示例

核心范畴	二级编码	三级编码	原始资料示例
价值链智能化	研发设计智能化	打造工业互联网平台	2016年，孵化"树根互联"项目，打造自主可控的工业互联网平台
	生产制造智能化	生产制造全流程自动化	智能小车AVG智能下料、机械手智能分拣、焊接机器人自行焊接、自主适配喷涂程序等

核心范畴	二级编码	三级编码	原始资料示例
价值链智能化	营销服务智能化	智慧服务	打造业内首个智慧服务呼叫中心，推出客户云2.0，具备了工况查询、设备导航、设备保养等服务
		智慧营销	开展线上直播，VR看展、云漫游、全裸眼3D等活动
颠覆式创新实现	技术颠覆	技术自主创新	2020年，三一重工在专用底盘、发动机、油缸、泵、马达等重件领域实现了产业链的自主可控
		自主品牌建设	灯塔工厂突破自动下料等核心关键技术，成为全球领先的工程机械制造服务商，三一重工品牌无人不晓
		自主知识产权	截至2020年底，三一重工申请及授权数居国内行业第一
	商业模式颠覆	成本结构优化	一个焊接机器人代替了四五个员工，在降低生产成本和人力成本的同时，提升了生产效率
		收益模式改进	上万台设备的联网数据通过大屏幕显示出来，由此洞察设备的开机作业率等，从而关停一些实际没有运行的设备，使整个工厂的产能增加
参与全球生产网络方式	前向参与	零部件国产替代与部分出口	前后成立10多家零部件公司，其发动机、油缸等多种零部件已经达到甚至超过国外水平，成为部分零部件的出口商
参与全球生产网络绩效	流程升级	人机协同提高	灯塔工厂广泛采用前沿工业技术和数字技术，提高了人机协同效率，改善生产工艺
		柔性化生产	依托SCM项目实施及MES升级优化实现精益制造，柔性化生产
	产品升级	产品复杂度提升	三一重工的产品智能化程度很高，具备自动检测、智能判断、远程可视化等功能
		产品绿色化	改版后的环保智能自卸车不存在装料盲区，避免了原料的"散漏遗"，降低了污染
	功能升级	具备个性化定制功能	三一重工推出的挖掘机远程控制系统为驾驶员带来更多人性化的操作，基本满足个性化定制
	链条升级	制造业服务化	三一重工积极探索"生产+服务"的新盈利模式，并向"设备制造+服务"转型

资料来源：根据三一重工2004～2020年年报整理所得。

（1）价值链智能化：研发设计智能化、生产制造智能化和营销服务智能化。在研发设计环节，三一重工利用"根云"工业互联网平台联通产业链上下游企业，促进全产业链的协同研发与设计，依托虚拟、现实与增强等技术搭建虚拟场景，进行方案的设计与验证。在生产制造环节，其更加注重生产制造的自动化管理，着力构建智能加工中心、立体仓库、物流运输系统以及智能化的生产执行与控制系统，实现了产品生产过程的全数字驱动进而实现精准生产与柔性化制造。在营销服务环节，三一重工利用互联网技术、电商平台以及企业个性化 APP 提供更为"人性化"的售前、售中和售后一体化服务，形成全新的工业生产制造服务体系。

（2）颠覆式创新实现：技术颠覆和商业模式颠覆。企业在技术二次创新和技术集成创新的基础上进行自主研发和自主创新从而获得颠覆性技术。企业拥有自主技术也就意味着拥有了该项技术的自主知识产权，利用自主技术生产出更具竞争力的产品，从而在主流市场占据一席之地，直至颠覆整个主流市场格局。三一重工作为民营企业始终坚持走自主创新的道路，顺应智能制造潮流，成为行业技术创新的领跑者。其不断加大自主研发力度，将销售收入的 5% ~7% 用于研发，通过自主创新建立自主品牌，致力于产品的更新换代，达到世界一流水准，从而获得欧美高端市场的"入场券"。

基于商业模式的定位创新与运营创新，企业通过优化成本结构和改进收益模式等途径获取价值，进一步固化竞争优势，使得其他在位企业无法完全模仿超越，实现商业模式的颠覆式创新。就像技术创新一样，三一重工不断进行商业模式创新，对传统工业所采用的商业模式进行颠覆，从互联网电商模式到智能工厂建设，不断优化企业的成本结构，改进收益模式，最终达到降本增效，实现商业模式的颠覆式创新。

（3）参与方式：前向参与。在国家层面，前向参与主要指一国出口中间产品，且该中间产品被其他国家用于加工以后再出口；从企业微观角度而言，企业的价值链前向参与是企业向他国企业出口零部件并用于他国企业加工再出口。三一重工通过自主研发创新攻破了核心零部件的生产技术，实现了核心高端零部件自制与国产化，并向海外出口大量的整机产品和部分零部件，如液压阀、油缸等零部件等均远销海外，表明企业开始通过前向参与的方式参与到全球生产网络中。

（4）参与绩效：流程升级、产品升级、功能升级和链条升级。链条升级是指企业通过提升技术水平使产品实现转化升级，此时企业向价值链上方更高附加值的"微笑曲线"移动，从而实现整条价值链的跨越式升级（Gereffi，1999b；Humphrey and Schmitz，2002）。此阶段的流程升级与功能升级更多依赖于精益生产和个性化定制，产品升级主要体现在产品复杂性、智能化与绿色环保化上；链条升级则是企业依赖智能制造深度与服务业融合，探索新的产业业务。三一重工不满足于只在工程机械行业一展拳脚，而是跳出"舒适圈"，进军电商、银行、保险、风投、手机等行业，实现整个价值链条的跃迁。

综上，基于前文的编码结果与各阶段呈现的事实，本书认为工程机械跨国公司通过各阶段的价值链数字化变革催生企业产生新的技术范式和商业模式，从而实现企业自主前向参与全球生产网络和价值链升级。在此基础上，开发的故事线如下：我国工程机械行业跨国公司依赖于信息化、数字化以及智能化，以"数据"作为重要生产要素，重构企业内部、企业客户端以及上下游产业链的价值创造方式，优化企业成本结构，实现企业管理精准高效、研发设计全球协同、生产制造自动化、营销服务智慧化，促进企业实现颠覆式创新，进而实现企业价值链的升级。

三、理论饱和性检验

为检验价值链数字化对我国工程机械跨国公司参与全球生产网络影响编码分析的饱和性，本书依照三一重工的编码程序对两个辅助企业进行了程序化编码，并不断对比和更新编码，直到没有新的概念出现才停止编码。

（一）信息化阶段

1. 徐工机械

在徐工机械成立之初，国内工程机械技术比较落后，国内市场充斥着各种各样的"洋品牌"，徐工机械意识到，我国工程机械的定位就是要从中低端走向中高端。在低端市场定位的基础上，徐工机械瞄准国际先进工程机械生产技术，先后引进 15 个国际著名公司的关键技术，并综合考虑国内用户的使用习惯与特点、施工的地理环境、工作装置等因素，对引进技术作出适合我国国情的调整，并根据企业的制造能力与工艺特点进行重点研究，开发出适合国内需求的新产品。例如在基于国内没有缸筒"冷拔"概念以及先进工艺匮乏的情况下，徐工机械一方面派遣企业员工远赴德国、日本等先进企业学习，另一方面引进国外先进成套技术并加以调整，开发出符合我国消费者需求的产品。由于关键技术仍然"受制于人"，徐工机械更多的是通过加工组装的形式参与到全球生产网络中，但受益于企业的技术二次开发以及商业模式的定位创新，企业业务流程效率与产品质量都得以升级，其部分编码结果与示例如表 7 - 6 所示。

表 7 - 6　　　　　　　　徐工机械信息化阶段部分编码结果与示例

核心范畴	二级编码	三级编码	原始资料示例
价值链信息化	研发设计信息化	建立网络化平台	建立了覆盖生产、研发、办公等工作场所的集团网络
	生产制造信息化	信息化监控	确保母工厂对各异地工厂日常生产运营的监控
	营销服务信息化	线上线下新模式	利用信息技术，实现"鼠标＋工程机械"，将线上交流与线下销售结合起来
颠覆式创新萌芽	技术二次创新	技术引进	在国内没有先进技术概念且基础工艺技术匮乏的时候，徐工机械技术团队派专业团队去国外有能力生产油缸的先进企业学习技术
		技术改造	在引进国外先进成套技术的基础上，通过二次开发将其转变为自身技术，开发出适合国内的产品
	商业模式定位创新	中低端定位	徐工机械董事长王民表示，我国工程机械企业在早期应该瞄准中低端市场，然后逐渐迈向高端市场
参与全球生产网络方式	后向参与	加工组装	在采访中，王民提到，徐工机械目前很多零部件是从国外进口的

续表

核心范畴	二级编码	三级编码	原始资料示例
参与全球生产网络绩效	流程升级	业务流程效率提升	依靠一体化的信息化平台，实现了业务流程管理的标准与规范，提高企业效率
	产品升级	产品质量提升	多种产品获得国际认证

资料来源：根据徐工机械 2004～2020 年年报整理所得。

2. 中联重科

在信息化阶段，中联重科以 PLM 项目打通了对产品的数据管理，并形成规范的电子图册，便于企业员工查询、借阅，从而促进知识在企业内部的流动，而且基于信息化的生产制造与营销服务能够将线上与线下销售连接在一起，促进企业与顾客进行"端对端"的交流，有利于快速把握消费者偏好，提供更优质的服务。价值链信息化使产品各流程实现"一切数据化"，生产做到有迹可循，实现信息化闭环管控。同时，也正是信息化带来的各环节数据化与透明化，促进了企业与供应商之间的有效沟通，使得粗放散乱的数据趋于精确化，优化了企业业务流程。此外，企业引进大批国外厂家工程师参与到产品的研发设计中，在学习先进技术的基础上消化吸收，形成自身技术，从而开发出品质优良的产品，实现了产品的改进升级，促进中联重科出口整机产品，在国外市场占据一席之地。其部分编码结果与示例如表 7－7 所示。

表 7－7　　　　　　中联重科信息化阶段部分编码结果与示例

核心范畴	二级编码	三级编码	原始资料示例
价值链信息化	研发设计信息化	知识共享	PLM 项目打通对产品数据的管理，形成规范化的电子图册管理，促进知识共享
	生产制造信息化	生产数据电子化	依赖 MES 系统，数据采集以及物流配送等均可通过电子视图呈现
	营销服务信息化	信息化营销体系	构建标准的营销管理平台框架，整个营销服务形成网络化的闭环体系

核心范畴	二级编码	三级编码	原始资料示例
颠覆式创新萌芽	技术二次创新	技术引进	大批引进国外厂家工程师参与系统匹配设计及产品优化设计
		技术融合再创新	在融合和再创新 CIFA 轻量化设计技术的基础上，先后开发出了 80 米以及 101 米混凝土碳纤维臂架泵车等
	商业模式定位创新	低端市场	锁定并不发达的非洲市场
参与全球生产网络方式	后向参与	进口国外零部件	2007 年下半年，受制于不能按期供货的境外零部件，中联重科改变了原先的生产计划
参与全球生产网络绩效	流程升级	优化业务流程	在 EPR 实施过程中，大家不断磨合，使得粗放随意的数据趋于精确化，优化了企业业务流程
	产品升级	产品质量提升	改造后的产品质量明显好多了

资料来源：根据中联重科 2004～2020 年年报整理所得。

（二）智能化阶段

1. 徐工机械

在 2019 年 10 月的世界智能制造大会上，徐工机械被授予智能制造标杆企业称号，全行业仅此一家获此殊荣。作为我国工程机械领域的领军企业之一，徐工机械积极响应国家号召，如火如荼地实施工业互联网和智能制造改造升级。在研发设计环节，积极推进智能技术应用，实现研发设计的开放共享。在生产制造环节，加快推进制造体系效率、成本、质量变革，推进智能产线、智能工厂建设，以智能制造为主攻方向，强化数据的价值作用。在营销服务环节，依托电子商务平台创新"自营＋平台＋服务"的模式，推动智慧服务建设。徐工机械依托价值链智能化，促进产学研加深，实现自主创新，打造出更高端和更可靠的智能产品，建立了"世界徐工"品牌。通过技术模式和商业模式的颠覆式创新，徐工机械摆脱了零部件进口依赖，甚至可以向外国出口部分零部件，促进其自主构建全球生产网络，并为世界提供更复杂的产品。此外，徐工机械还积极发展融资租赁等金融服务，促进先进制造业与现代服务业深度融合，实现企业收入来源的多样化和链条的升级。徐工机械智能化阶段部分编码结果与示例如表7-8所示。

表7-8　　　　　　　徐工机械智能化阶段部分编码结果与示例

核心范畴	二级编码	三级编码	原始资料示例
价值链智能化	研发设计智能化	研发开放共享	建立200万个产品三维模型，实现研发设计的开放共享
	生产制造智能化	柔性制造	"人、机、料、法、环"互联互通，实现柔性制造
	营销服务智能化	电子商务平台	创新"自营+平台+服务"的业务模式，构建基于产业集群与产业生态的电子商务平台
颠覆式创新发展与实现	技术集成创新	产学研合作	与清华大学、吉林大学等高等学府与研究院所合作，攻破技术难题
	技术颠覆	具备自主知识产权	依靠技术创新，打造具有自主知识产权的名牌产品
		自主研发	依赖"全球协同+自主研发"，徐工机械实现零部件的生产与制造
	商业模式颠覆	打造新型商业模式	打造了装备制造行业首个"平台+自营"新型商业模式
参与方式	前向参与	零部件配套自制	实现了工程机械产品的配套件的自制，如液压件、传动件、电气件等
		零部件出口	起重机油缸等零部件不仅实现了国内供应，还批量出口近20多个国家和地区
参与绩效	流程升级	实现"三降两提升"	实现了"三降两提升"，生产效率提升了25%，运营成本降低了24%
	产品升级	打造高端智能产品	通过研发的数字化、制造的数字化和服务的数字化，真正打造出高端智能的数字孪生产品
	功能升级	个性化定制	徐工机械量身定制，满足客户个性化需求
	链条升级	服务型制造跨越	借助数字化的技术手段，徐工机械开发了融资、租赁等金融服务

资料来源：根据徐工机械2004~2020年年报整理所得。

2. 中联重科

中联重科积极推进研发设计、生产制造和营销服务等各环节的智能化。在研发设计环节，中联重科通过仿真和虚拟现实等技术搭建一体化研发平台，实现产品全流程研发驱动。在生产制造环节，其将智能制造重心放在自动化上，通过研制智能网关——中联盒子，实现数据的本地存储、处理、传递以及远程升级等功能，促进产品生产制造数据化，将"数据流"作为新的生产要素，提高企业智能制造与自动化水平。在营销服务环节，中联重科聚焦于智慧营销与服务，加大企业产品在各电子平台的曝光率，通过直播等方式更新商业模式，促进营业额增收。同时，中联重科还开发了 AI 专家诊断系统，实现远程服务。价值链智能化促进了企业技术创新与商业模式创新，实现自主研发创新，突破核心技术瓶颈甚至超越在位企业。同时，通过颠覆式创新，中联重科根据客户需求进行"模块化组装"，为世界提供具有"感知能力"和"思考能力"的绿色智造产品，全力打造"装备制造＋互联网""产业＋金融"的新型装备制造企业，实现企业价值链的链条升级。其部分编码结果与示例如表 7 - 9 所示。

表 7 - 9　　　　　　　　中联重科智能化阶段部分编码结果与示例

核心范畴	二级编码	三级编码	原始资料示例
价值链智能化	研发设计智能化	协同化与虚拟化	启动数字化研发平台建设项目，实现机电液一体化联合仿真，虚拟结合
	生产制造智能化	生产自动化	生产线上的所有工位都实现了互联互通，如果某一环节配料不足，系统会自动提醒
	营销服务智能化	智慧服务	开发行业首个基于语音交互的 AI 专家诊断系统，加强与客户的超强链接
		智慧营销	加大产品和服务在微信、抖音等社交平台上推送，增加点击量，推动网红营销直播等模式
颠覆式创新发展与实现	技术集成创新	依托并购的技术融合	利用 CIFA 并购，加强技术融合，进一步优化混凝土机械产品
	技术颠覆	技术领先	多项技术指标均处于业界领先水平

续表

核心范畴	二级编码	三级编码	原始资料示例
颠覆式创新发展与实现	商业模式颠覆	实现扁平化商业模式	摒弃原先的分销代理制营销模式，以"互联网思维"做企业，让整个营销组织"极其扁平化"，实现企业与客户之间的"端到端"管理
参与方式	前向参与	零部件国产化与出口	自主研发智能液压元件，有力推进高端液压元件国产化，生产更为高端的零部件销往国外
参与绩效	流程升级	各环节工艺升级	通过智能生产线，实现从原材料下料到机构装配等的全流程的工艺升级
	产品升级	产品智能化、绿色化	中联重科提出4.0产品概念，并以"绿色智造产品"引领行业新风向
	功能升级	个性化定制	为满足不同的客户需求，智能化使得产品可进行"模块化组装"，从而实现个性化定制
	链条升级	产业链扩展	打造"装备制造+互联网""产业+金融"的新型装备制造企业

资料来源：根据中联重科2004～2020年年报整理所得。

在扎根理论质性研究中，当研究者无法从数据中获取新的范畴时，则认为理论饱和。本研究通过对预留的徐工机械、中联重科两家工程机械跨国公司的数据资料进行三级编码扎根分析，没有发现新的概念和范畴。因此，本书构建的价值链数字化对工程机械跨国公司参与全球生产网络的影响机理模型已达到饱和状态。

第三节
扎根分析结果阐释

尽管我国工程机械行业跨国公司在由国内市场向全球市场跨越的过程中已经嵌入全球生产网络中，但大部分工程机械企业仅通过简单加工组装等低附加值环节被动嵌入全球生产网络中，扮演着"代工企业"的角色，只能获取较低的贸易利益。在长期的被动嵌入下，我国工程机械企业难以突破关键技术，核心零部件领域受制于人，使我国工程机械跨国公司面临着"低端锁定"的困局。

当前，以互联网、大数据、人工智能等为特征的新一轮数字技术取得了革命性突破，数据流推动资本、技术、人才等生产要素在全球价值链上的流通，加快各要素从上游企业向下游企业有序流动，促进企业自主研发升级，突破关键核心技术被"卡脖子"困境。工程机械行业与新一代数字技术的深度融合将助推我国企业拓展国际市场空间并占据全球价值链的有利位置。本节基于上文的编码结果，深度挖掘价值链数字化对工程机械跨国公司参与全球生产网络的影响路径，论证颠覆式创新是否在其中充当中介因素，从而为工程机械行业其他企业实现价值链升级管理提供理论支持和对策参考。

一、信息化阶段

价值链信息化提高了企业内部信息透明度并加强了企业内部的知识共享，使得企业员工能够便捷地获取知识并将引进的技术消化吸收，模仿创新和二次开发，从而优化企业业务流程，提高研发设计、生产制造等环节的效率，促进产品性能质量提升，生产出性能更加稳定的产品。信息化阶段影响机理示意图如图 7 - 5 所示。

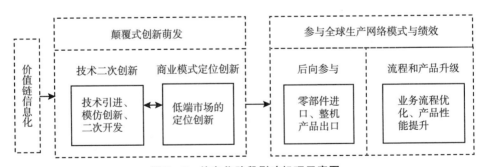

图 7 - 5　信息化阶段影响机理示意图

资料来源：笔者自制。

一方面，价值链信息化促进了企业颠覆式创新的萌发。企业利用"信息技术红利"引入众多信息化系统和平台，推动企业研发设计信息化、生产制造信息化和营销服务信息化建设，将信息要素根植于各价值链环节中的感知、控制和决策中，依赖于信息的"流动性"与"可获得性"，破除了产品从研发设计到营销服务各环节的信息孤岛，实现信息共存和信息共享，加强了企业外部知识获取和内部学习交流，改变了组织学习的方式，拓宽学习渠道，促进企业洞察技术前沿，消化吸收引进的先进技术，实现技术二次创新。同时，依赖于信息技术产生的"数据流"，企业对于市场的敏感度不断增强，企业更易探索目标市场，实现市场定位创新。而且企业管理人员可以利用计算机模拟设计等信息手段，在系统里进行各种创新方案和产品开发的模拟验证，降低企业在研发设计环节的试错成本，增强跨区域研究员研发设计的协同性，实现研发设计的高质高效，促进企业技术积累与技术二次创新。

另一方面，企业萌发出的颠覆式创新不仅促进企业流程升级与产品升级，还使得企业可通过"加工组装""整机产品出口"等方式参与全球生产网络。基于技术的模仿创新与二次开发及商业模式的定位创新，企业摒弃"拿来主义"思想，将引进的技术消化吸收，并将这种技术用于各生产工艺流程，对现有工艺流程技术进行改进，实现生产体系的进一步整合优化，最终实现产品质量与生产工艺水平提升。但在此阶段，企业的自主创新能力相对不足，主要以进口零部件、出口最终产品和加工组装等方式参与到全球生产网络中，在全球生产网络中扮演着发达国家跨国公司的加工工厂、代工企业的角色。

二、数字化阶段

价值链数字化使企业更容易获得全球范围内的资源，加深"产学研"合作，实施开放型研发设计，实现技术的集成创新，进而促进企业攻克关键核心零部件技术，实现部分零部件自制，而且各环节的数字化水平提升会带动产品全生命周期的数据驱动，实现精益制造的生产模式。同时，基于价值链数字化，企业产品、服务核心竞争能力和提供一体化解决方案的能力进一步提升，实现商业模式的运营创新，最终实现功能升级，数字化阶段影响机理示意图如图7-6所示。

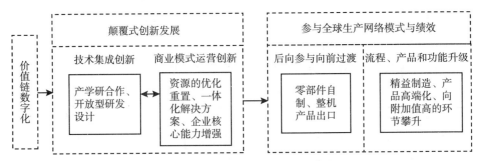

图7-6 数字化阶段影响机理示意图

资料来源：笔者自制。

一方面，价值链数字化促进颠覆式创新发展。数字化的全球协同研发平台为全球专业人才流动和聚集提供机会，实现全球人才要素和资源的优化配置，促进企业与大学、研究院以及其他组织等建立合作关系，全面利用内外资源进行技术的交流、融合与创新，突破对已有技术经验依赖的困局，推动新技术和新产品的开发，实现技术的集成创新。同时，以"数字工厂""电商O2O平台""客户云APP"为主的数字化生产、数字化营销与服务，助力产品的数据驱动，促进企业灵敏洞察客户需求，并针对客户问题提供一体化解决方案，提升企业的产品服务能力，增加产品的附加值，增强企业核心能力，实现企业商业模式的运营创新。

另一方面，在驱动流程与产品升级的基础上，颠覆式创新促进企业功能升级并推动企业参与全球生产网络的模式由后向参与向前向参与过渡。企业利用技术集成创新与商业模式运营创新进一步发展了颠覆式创新，加大了企业攻克核心关键技术的可能性，实现部分核心零部件自制，并将其组装到整机产品上，摆脱零部件完全依赖进口的局面，也为世界提供了更为复杂的产品。与此同时，颠覆式创新促进产品的精益制造，为客户提供"端到端"的一体化解决方案，提高企业的服务竞争力，推进品牌的建立与扩张，最终实现功能升级。

三、智能化阶段

价值链智能化助力企业进行自主技术创新，获得一流技术，甚至赶超国际巨头，实现技术颠覆。同时，依托智能制造，企业进行柔性化生产和个性化定制，实现产品各环节的降本增效，且企业将发展领域扩展到金融等服务行业，实现收入来源的多样化，助推企业实现商业模式颠覆。通过技术与商业模式的"双创新"，企业实现颠覆式创新，不仅为世界提供更加智能化、绿色化和技术复杂度高的产品，还实现了自身的服务化转型，推动企业由被动后向嵌入全球生产网络向前向参与全球生产网络的跨越式转变，向更高附加值的"微笑曲线"跃迁。智能化阶段影响机理示意图如图7-7所示。

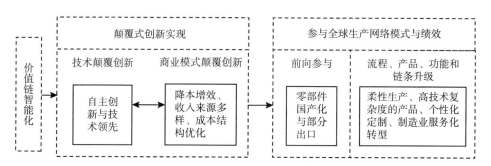

图 7 - 7　智能化阶段影响机理示意图

资料来源：笔者自制。

价值链智能化促进企业实现颠覆式创新。基于前两个阶段的积累蓄力，在智能化阶段，所有的制造设备均区别于传统的机械设备，具备一定的思考能力，能够自主进行智能下料等生产步骤，实现生产流程的自动化操作和"人机协同"，起到降本增效的作用。智能化生产推动了产品全生命周期透明化的数据管理，加之企业对数据传输、存储、分析、决策和优化的整体水平的提高，更能够实时了解并诊断产品状态，改变了过去只能依赖成熟技工或工程师的经验判断模式，缩短产品生命周期，提高产能，实现成本结构的优化。同时，工程机械跨国公司通过互联网及数字平台可以直接与全球的消费者交流，通过"大数据"洞悉并深度挖掘客户个性化需求，倒逼企业进行自主研发，拥有更多的自主知识产权并建立自主品牌，实现技术赶超。由此，企业实现了基于技术和商业模式的"双颠覆"，使主流市场重新洗牌。

颠覆式创新促进企业构建以"我"为主的全球生产网络并实现整个价值链的跃迁。基于自主创新的技术颠覆和降本增效的商业模式颠覆，促进企业实现核心零部件的自主研发并提升了企业自主研发能力，避免出现关键技术被"卡脖子"以及"受制于人"的尴尬局面，从而实现不依赖进口零部件也能生产并出口整机产品，甚至能出口部分核心零部件用于他国加工组装再出口，从而实现全球生产网络的参与模式由后向参与向前向转变。而且，颠覆式创新促进产品的技术复杂度提升，从而生产出更加智能化、高端化以及绿色化的产品，既能满足客户的个性化需求，也能绿色环保，减少环境污染。此外，企业可利用颠覆式创新优化改进企业 App 或智能化平台，扩宽企业开展其他金融、租赁等服务渠道，促进企业向服务型制造商转型升级，实现链的升级。

基于以上研究，本章按照影响因素—中介因素—影响结果的思维范式，总结梳理价值链数字化对工程机械跨国公司参与全球生产网络的作用机理，并构建了不同阶段的影响机理示意图，如图 7-8 所示。研究表明：在信息化阶段，企业通过价值链信息化，萌发了基于技术引进的技术二次创新和低端市场的商业模式定位创新的颠覆式创新，进而推动企业以"加工组装"的方式参与全球生产网络并推动业务优化和产品性能提升，实现流程升级和产品升级；在数字化阶段，企业凭借价值链数字化，发展了基于开放型研发的技术集成创新和构建产品和服务核心竞争力的商业模式创新的颠覆式创新，实现了部分零部件自制、产品的精益制造以及企业向高附加值环节的攀升，进而推动企业参与全球生产网络的模式由后向参与向前向参与的过渡和功能升级；在智能化阶段，依托智能制造，企业实现了基于自主研发的技术颠覆和成本结构优化的商业模式颠覆的颠覆式创新，完成了对主流市场的颠覆，实现零部件100%国产替代和部分出口，同时，实现了柔性生产和个性化定制，推动企业向更高附加值的"微笑曲线"跃迁，实现整个链条的升级并构建了以"我"为主的全球生产网络。

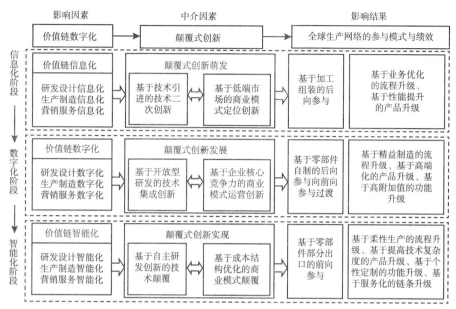

图7-8　价值链数字化对我国工程机械跨国公司参与全球生产网络影响机理示意图
资料来源：笔者自制。

基于前文的案例设计、扎根分析以及理论机制模型构建进行结论总结。采用探索性多案例研究方法，以我国工程机械行业的领头企业为研究对象，探讨了在产品的研发设计、生产制造以及营销服务等价值链环节数字化过程中，企业实现全球生产网络的参与模式转变与全球价值链升级的作用机理，进而探索中国工程机械行业实现参与全球生产网络升级的一般性模式。主要研究结论有以下三点。

首先，价值链数字化是我国工程机械跨国公司实现全球生产网络前向参与和全球价值链升级的有效途径。具体而言，我国工程机械跨国公司通过将数字化贯穿于产品的全生命周期，提升产品在研发设计、生产制造以及营销服务各环节的信息化、数字化和智能化水平，以信息化、数字化和智能化带动网络协同制造和柔性制造。在智能生产的基础上，由传统的工业产品向以云计算、大数据为核心的智能产品转换，同时，依托智能服务，企业向面向用户的服务中心范式转变，实现企业的价值链升级。

其次，颠覆式创新在价值链数字化驱动工程机械跨国公司参与全球生产网络与全球价值链升级的过程中具有一定的中介效应。伴随价值链的信息化－数字化－智能化的阶段性演变，颠覆式创新也呈现出萌芽－发展－实现的动态演进，且存在对应关系。在最终阶段，价值链智能化促进颠覆式创新实现，基于技术创新和商业模式创新的颠覆式创新为企业流程升级、产品升级、功能升级以及链条升级提供动力，推动企业实现链的跨越。同时，全球网络协同研发、智能制造、"互联网＋营销"等推动产品全生命周期的数据流通，实现产品售前、售中与售后一体化，推动产品的技术和商业模式革新，使企业获得竞争优势，从而参与全球生产网络模式由后向参与向前向参与演进。

最后，智能制造促进工程机械跨国公司构建以"我"为主的全球生产网络并实现链条升级。基于前文的研究，价值链信息化和数字化为企业实现颠覆式创新蓄力，而智能制造促进企业实现颠覆式创新。其为我国工程机械的后发企业提供了技术赶超机会，使企业可以加速和重构组织学习，提升技术创新和价值重构能力，从而实现后发优势赶超。因此，在跨越式战略变革中，企业需要做好充分准备，利用智能制造抓住机遇，实现赶超，有效应对"双向挤压"的难题。

第八章

结论与对策建议

第一节
主 要 结 论

从现状分析角度看，价值链数字化下全球生产网络在不断向前演进，全球主要国家参与全球生产网络的地域特征也在不断变化。随着我国数字基础设施水平的不断完善，数字技术也日新月异地发展，我国制造业参与全球价值链地域特征的区域化趋势在不断增强，其中技术密集型制造业与资本密集型制造业参与全球价值链的区域化倾向大于劳动密集型行业。价值链数字化与我国制造业参与全球价值链分工的区域化特征的演变呈现出同步上升的趋势。

从理论分析角度看，价值链数字化促进我国制造业参与全球价值链地域特征由全球化向区域化演变。数字技术的不断迭代创新与消费需求的不断升级、企业生产方式的变革与数字平台的兴起都促进全球制造业不断向我国及周边区域集聚；数字经济下比较优势的变迁与全球价值链参与方式的变化促进我国由低端嵌入发达国家主导的全球价值链向构建自身主导的区域价值链转变。

从实证检验角度看，数字化的发展促进了我国价值链地位的提升，通过替换自变量与因变量、进行缩尾处理及考虑内生性问题后，结论依然稳健；通过异质性检验发现，价值链数字化对中高技术制造业的价值链地位提升促进作用较大，而对低技术制造业价值链地位提升的促进作用不太明显；通过中介机制检验发现，价值链数字化可通过提升价值链区域化促进价值链地位提升。

从案例分析角度看，价值链数字化是我国工程机械跨国公司实现全球生产网络前向参与和全球价值链升级的有效途径。具体而言，我国工程机械跨国公司通过将数字化贯穿于产品的全生命周期，提升产品在研发设计、生产制造以及营销服务各环节的信息化、数字化和智能化水平，以信息化、数字化和智能化带动网络协同制造和柔性制造。在智能生产的基础上，产品由传统的工业产品向以云计算、大数据为核心的智能产品转换，同时，依托智能服务，企业向面向用户的服务中心范式转变，实现企业的价值链升级。

第二节
对 策 建 议

本书不论是通过理论分析、现状测算还是计量检验与案例分析，都证实价值链数字化对我国制造业价值链地位提升有明显的促进作用，且参与全球生产网络地域特征在其中发挥着一定的中介作用，这为提出我国在促进数字经济发展的同时，更好顺应全球价值链发展潮流，制定制造业参与全球价值链分工相应的区域化或全球化战略，从而促进制造业创新与高质量发展的相关对策建议提供了重要的理论与事实依据。

一、国家层面：促进数字经济发展，助力制造业数字化转型

（一）加强数字经济基础设施建设，为数字经济发展提供基础支撑

数字经济正深刻地改变着人类的生产和生活方式，成为经济增长新动能，发展数字经济已经成为全球共识（鲁春丛，2017）。在传统基础设施对经济增长边际效应递减的情况下，通过发展数字基础设施，生发出新的经济增长动

能尤为重要。随着近年来科技水平与经济实力的不断提高，我国的数字经济处于后来居上的状态，宽带普及率也较十年前有很大的进步，但是宽带费用高、农村覆盖率低仍是面临的短板，且与发达国家的数字基础设施间的鸿沟进一步拉大。作为最大的发展中国家与数字经济发展第一梯队国家，我国应该在数字基础设施方面奋起直追，获得更大的领先优势。不仅要在通信网络上加快5G通信基站的覆盖，还要推动宽带网络的升级改造，持续推动偏远地区网络覆盖和数字化水平提升，不断缩小数字鸿沟。

（二）推进数字技术创新，促进制造业数字化转型

要提升我国制造业全球价值链地位，在全球生产网络中拥有主导权与控制权，就需要掌握核心技术，提高产品的技术复杂度，从根本上摆脱低端嵌入的困境。目前，5G、云计算、AI等新兴数字技术已成为数字全球化时代的新引擎，因此要继续加大支持力度，聚焦于前沿数字技术的研发创新，为我国制造业数字化转型提供动力支持。要对高端制造业技术研发投入给予适当的政策倾斜，鼓励龙头企业制定相应的数字化转型战略，加大技术研发投入力度，如推进企业研发费用加计扣除政策的落实，为其提供更多资金、技术、政策等方面的支持，鼓励企业进行自主研发，提高企业创新能力，形成激励技术创新的良好氛围。促进以5G优势的网络覆盖、云计算的超强算力、人工智能丰富的应用场景等与制造业深度融合发展，通过"5G＋云＋AI"的融合创新推动制造业与其他行业融合发展的空间，为制造业转型升级注入新动能。重视产业互联网发展的风口，通过税收优惠，引导企业加快生产方式与组织管理方式的数字化转型，分步骤推进传统制造业全产业链智能化改造升级。

（三）注重数字人才培养，持续提高劳动者数字技能

数字技术领域具有相当高的研发门槛，顶尖的数学人才、计算机通信人才将会是推动数字技术创新与数字经济持续发展的关键要素。所以，在人才培养方面，国家需要制定有针对性的优质人才培养机制体系，重视基础学科领域顶尖人才的培养，同时在高等学府中积极探索数字领域新兴专业，政府通过积极推进官产学研合作，建立应用型的数字研发与实践转化基地，培养更多高端数字技能人才。同时，为提高普通劳动者数字素养，要打造一批功能突出、资源共享的区域性数字技能公共实训基地,加强员工数字化技能操作培训,为数字化技能提升提供保障。

(四)营造良好的数字经济营商环境,加大对中小企业数字化转型帮扶力度

在工程机械行业中,以三一重工、徐工机械及中联重科为首的行业领军企业实现了较高的数字化和智能化水平,而其他制造企业尤其是中小企业的数字化程度与广度难以望其项背。如何构建有利于中小企业发展的数字营商环境是提升中小企业数字化水平的破题关键。基于此,政府应该加快构建适应我国国情的数字经济发展长效机制,通过政策引导、高校技术帮扶、加大培训宣传力度等措施提高企业对数字化转型的重视程度,打造以需求服务引领转型、政策引导企业落实的数字化转型环境。加大对中小企业数字化转型的支持力度,适度放松中小企业数字化转型管制要求,例如,在事前准入方面进一步简政放权,优化准入条件,为其提供良好的数字经济营商环境,让中小企业切实享受数字化转型的红利;鼓励数字化水平高的企业对中小企业进行帮扶,促使其积极参与数字化转型,通过吸收数字技术溢出提升全球价值链地位,助力制造业全产业链数字化升级。

(五)树立数字化转型成功典范,助力智能制造产业集群打造

一方面,我国政府应积极举办专家研讨会,培育一批具备较强创新能力和数字化转型相对成熟的制造业龙头企业,树立数字化转型成功典范,发挥示范与引领作用,挖掘并推广实践经验,为其他企业提供数字化转型的成功范式,构建符合自身特色的数字化转型模式。另一方面,鼓励并推广工业互联网战略,提升上下游产业链的协同研发、制造与服务,打造开放型制造服务化网络,通过智能工厂示范项目推进企业智能制造有效落地,积极推进区域或产业功能集聚区建设,培养与打造更多智能制造产业集群。

二、产业层面:做好制造业参与全球价值链分工的地域战略选择,积极参与区域与多边协定谈判

(一)积极参与区域与多边协定谈判,促进制造业价值链分工拓展深化

目前中国已从全球生产网络中的边缘跃居到全球生产网络的中心位置,

成为全球经贸联系的稳定器与压舱石。然而，随着地缘政治冲突、新冠疫情冲击与全球气候变化危机的加剧，全球价值链的拓展深化面临着以美国为首的贸易保护主义等行为的消极影响。因此我国更要加大国际合作与开放力度。首先，在推动 WTO 多边谈判与合作的基础上，积极利用区域全面经济伙伴关系协定（Regional Com-prehensive Economic Partnership，RCEP）的投资贸易提升机会；其次，要积极加入全面与进步跨太平洋伙伴关系协定（Comprehensive and Progressive Agreement for Trans – Pacific Partnership，CPTPP）与参与数字经济伙伴关系协定（Digital Economy Partnership Agreement，DEPA）等区域贸易与数字经济协定谈判；最后，要加快实施自由贸易区战略，致力于构筑立足周边、辐射"一带一路"、面向全球的高标准自由贸易区网络，提高国际经贸规则的制定权与国际经济治理的主导权，为区域与全球价值链的拓展深化、提高制造业全产业链的结构性权力与自主掌控力提供制度保障。

（二）深入推进"一带一路"倡议实施，积极主导区域价值链构建

随着我国制造业参与全球价值链分工对于本土与区域内价值链闭环的依赖程度不断提高，可以凭借统一的国内大市场优势促进数字技术创新与数字经济发展，有针对性地深化"一带一路"区域经济合作，主导"一带一路"区域价值链体系构建，在带领相关国家经济增长的同时获得更多贸易利得，提高中国在新一轮全球经济治理中的话语权。

（三）协调好全球化与区域化的竞合关系，提升我国制造业全球价值链地位

本书的研究结论显示数字化下我国参与全球价值链地域特征逐渐由全球化向区域化转变，我国制造业参与全球价值链分工的全球化趋势有所减弱，以国内为中心的区域化趋势增强，但这不代表发展全球化不重要，或全球化的趋势会发生根本性的转变，也并不意味着对全球化趋势持否定的态度。区域化和全球化并不是一种对立的关系，而是一种竞争与合作的关系。两者在独立发展的同时又相互融合，共同推进我国制造业价值链分工向更高水平和更深层次发展（葛阳琴和谢建国，2017）。

因此，我国在制定全球化的贸易策略的同时要协调好区域在全球化中的竞合关系，以开放包容的态度积极参与全球贸易与多边贸易合作谈判，在推动全球化发展的同时，推动区域范围内的贸易伙伴之间关系的建设，利用区域全面经济伙伴关系（RCEP）的谈判经验积极推动中日韩自由贸易区等区域协定谈判，特别是在目前逆全球化浪潮不断升级的背景下，把精力与资源首先集中在区域内国家双边与多边之间或区域巨型一体化协定的谈判上，然后再向与区域外国家或全球进行多边协定谈判的方向努力，促进区域化与全球化在互动的过程中共同发展，实现由参与全球价值链向主导全球价值链构建的方向转变，在世界经济舞台上掌握更多的控制权与话语权。

三、企业层面：抓住数字中国建设机遇，促进企业数字化转型与价值链升级

（一）抓住数字变革机遇，加快智能制造升级

智能制造是我国工程机械行业等制造业部门转型升级的必由之路。为满足客户的多元化和个性化需求，制造业企业需要把握数字中国建设机遇，充分引进并建设工业互联网、工业云等数字基础设施，利用物联网、云计算、大数据等数字技术赋能企业生产制造的各环节，提高传统制造企业的数据收集、传输、存储、分析、决策和优化的整体水平，实现企业内部核心业务系统纵向整合和横向集成，从而实现产品全生命周期数据的集成共享、驱动和控制，带动企业智能化转型升级，推出更加高端、智能、绿色与环保的产品。具体如下：（1）通过引进先进的自动化和智能化生产设备，利用数字化的产品管控和追溯手段，以精益生产的方式提升产品质量、工艺流程以及设计的标准化水平，降低企业生产成本；（2）建设智能工厂研发创新体系和先进的研发设备生产体系，紧跟行业前沿和市场需求，开发出技术复杂度更高的产品，增强企业产品竞争力；（3）以物理和信息的互联互通实现生产制造自动化、柔性化和智能化，生产出更高端智能的产品，满足消费者个性化、定制化与多样化需求。

（二）提升自主创新能力，推动参与全球生产网络向主导全球生产网络转变

三一重工、徐工机械以及中联重科的实践表明，模仿创新的潜能依然存

在，我国制造企业可以通过技术模仿的方式节约试错成本，但模仿创新并不能给企业带来"质"的飞跃。制造企业必须通过自主创新改变核心技术"受制于人"的窘境，通过颠覆式技术创新，颠覆主流市场格局，促进后发优势企业对先进入者的赶超，并向"微笑曲线"的两端迈进。一方面，企业可以建设高效协同的技术创新网络平台，加强"产学研"合作，依托现有国家实验室等创新平台，加强与政府、高校和其他企业的多方联动，推进组织内外部的资源优化配置，获取前沿技术和重大核心技术突破，实现技术创新；另一方面，企业需要加大高科技人才建设力度，加快高端应用型人才的培育，坚持培养人才与引进人才相结合，形成开放有序、充满活力的人才制度。同时，企业需要提高基础研究投入占比，打好基础研发创新根基，解决核心零部件和关键技术自主可控的问题，构建以"我"为主的全球生产网络。

（三）加快传统生产制造商向生产服务商转型，实现整个价值链条的跨越

我国制造业企业应在国家政策的指导下转变传统思维，加快服务化转型升级的步伐。最关键的是做好"以产品为中心"向"以客户为中心"的思想转变，利用好售后服务这一关键环节。企业不应只单纯地关注卖产品，而是在产品的基础上做好服务延伸，将售后服务作为服务化转型的重要支撑。打造更多的"6S 店"，提供更多的产品配件服务，开发更多的数字化售后服务平台，解决远程零部件损坏、生产设备"罢工"等问题，有效整合多方诉求，打造全角色协同的售后服务，改善客户的使用体验，提升产品影响力。此外，企业应拓宽业务领域，更多涉足产品的配套服务或开发新的服务领域，如依托企业 App 开发金融服务、租赁服务等业务，通过"跨界"促进与服务业的融合，进而实现整个价值链条的升级。

参 考 文 献

[1] 宾建成. 新国际分工体系下中国制造业发展方向与对策 [J]. 亚太经济, 2013 (1).

[2] 陈健. 跨国公司全球价值链、地域分布及其影响因素研究 [J]. 国际贸易问题, 2010 (12).

[3] 崔日明, 李丹. 后疫情时代中国—东盟区域价值链的构建研究 [J]. 广西大学学报 (哲学社会科学版), 2020 (5).

[4] 戴翔, 马皓巍, 杨双至. 数字基础设施对制造业 GVC 分工地位的影响 [J]. 国际商务 (对外经济贸易大学学报), 2022a (5).

[5] 戴翔, 李亚, 占丽. 消费需求升级与企业出口国内增加值提升 [J]. 消费经济, 2022b (1).

[6] 戴翔, 张二震. 全球价值链分工演进与中国外贸失速之"谜" [J]. 经济学家, 2016 (1).

[7] 戴翔, 张雨, 刘星翰. 数字技术重构全球价值链的新逻辑与中国对策 [J]. 华南师范大学学报 (社会科学版), 2022c (1).

[8] 杜传忠, 杜新建. 第四次工业革命背景下全球价值链重构对我国的影响及对策 [J]. 经济纵横, 2017 (4).

[9] 董虹蔚, 孔庆峰. 区域价值链视角下的金砖国家合作机制研究 [J]. 国际经贸探索, 2018 (10).

[10] 费越, 张勇, 丁仙, 吴波. 数字经济促进我国全球价值链地位升级——来自中国制造业的理论与证据 [J]. 中国软科学, 2021 (S1).

[11] 高敬峰, 王彬. 数字技术提升了中国全球价值链地位吗 [J]. 国际经贸探索, 2020 (11).

[12] 高敬峰, 王庭东. 中国参与全球价值链的区域特征分析——基于垂直专业化分工的视角 [J]. 世界经济研究, 2017 (4).

[13] 高运胜, 甄程成, 郑乐凯. 中国制成品出口欧盟增加值分解研究——基于垂直专业化分工的视角 [J]. 数量经济技术经济研究, 2015 (9).

[14] 葛顺奇, 罗伟. 中国制造业企业对外直接投资和母公司竞争优势 [J]. 管理世界, 2013 (6).

[15] 葛阳琴, 谢建国. 全球化还是区域化: 中国制造业全球价值链分工及演变 [J]. 国际经贸探索, 2017 (1).

[16] 郭周明, 裘莹. 数字经济时代全球价值链的重构: 典型事实、理论机制与中国策略 [J]. 改革, 2020 (10).

[17] 郭晓萧. 我国数字经济可持续发展面临的挑战与对策研究 [J]. 中国物价, 2019 (4).

[18] 韩剑, 冯帆, 姜晓运. 互联网发展与全球价值链嵌入: 基于GVC指数的跨国经验研究 [J]. 南开经济研究, 2018 (4).

[19] 何枭吟, 王晗. 第四次工业革命视域下全球价值链的发展趋势及对策 [J]. 企业经济, 2017 (6).

[20] 胡昭玲, 张咏华. 中国制造业国际垂直专业化分工链条分析——基于非竞争型投入产出表的测算 [J]. 财经科学, 2012 (9).

[21] 黄华灵. 企业数字化转型与全球价值链地位提升——基于资源配置视角 [J]. 商业经济研究, 2022 (7).

[22] 黄玉霞, 谢建国. 垂直专业化分工与服务业全要素生产率——基于中国服务业分行业的实证研究 [J]. 财经论丛, 2019 (5).

[23] 姜峰, 段云鹏. 数字"一带一路"能否推动中国贸易地位提升——基于进口依存度、技术附加值、全球价值链位置的视角 [J]. 国际商务 (对外经济贸易大学学报), 2021 (2).

[24] 雷蕾娟, 邓路. 数字化投入对服务业全球价值链地位的影响 [J]. 兰州财经大学学报, 2022 (5).

［25］李丹，武杰，董程慧．全球价值链数字化对中国制造业国际分工地位的影响［J］．当代财经，2022（8）．

［26］黎峰．全球价值链分工下的出口产品结构及核算——基于增加值的视角［J］．南开经济研究，2015（3）．

［27］李海舰，田跃新，李文杰．互联网思维与传统企业再造［J］．中国工业经济，2014（10）．

［28］李建军，孙慧．全球价值链分工、制度质量与中国ODI的地域选择偏好：基于"一带一路"沿线主要国家的研究［J］．经济问题探索，2017（5）．

［29］李津，齐雅莎，刘恩专．数字基础设施与全球价值链升级：机制与效用［J］．学习与探索，2020（10）．

［30］李金昌，项莹．中国制造业出口增值份额及其国别（地区）来源［J］．中国工业经济，2014（8）．

［31］李忠民，周维颖，田仲他．数字贸易：发展态势、影响及对策［J］．国际经济评论，2014（6）．

［32］林桂军，邓世专．亚洲工厂及关联度分析［J］．世界经济与政治，2011（11）．

［33］刘重力，赵颖．东亚区域在全球价值链分工中的依赖关系——基于TiVA数据的实证分析［J］．南开经济研究，2014（5）．

［34］刘明霞，宗利成．CEO职业特征与企业技术创新战略——基于支付宝和财付通案例的扎根分析［J］．技术经济与管理研究，2021（7）．

［35］刘璇．数字经济发展与全球价值链分工地位的相关性分析［J］．商业经济研究，2021（13）．

［36］刘志彪．中国贸易量增长与本土产业的升级：基于全球价值链的治理视角［J］．学术月刊，2007（2）．

［37］刘志彪，张杰．从融入全球价值链到构建国家价值链：中国产业升级的战略思考［J］．学术月刊，2009（9）．

［38］龙永图．数字丝绸之路与经济全球化［J］．杭州（周刊），2018（28）．

［39］鲁春丛.发展数字经济的思考［J］.现代电信科技,2017(4).

［40］吕越,毛诗丝,尉亚宁.FTA深度与全球价值链网络发展——基于增加值贸易视角的测度与分析［J］.世界经济与政治论坛,2022(1).

［41］马秀丽,孙友杰.信息时代企业价值链重构分析［J］.商业经济与管理,2004(2).

［42］倪红福.全球价值链中产业"微笑曲线"存在吗——基于增加值平均传递步长方法［J］.数量经济技术经济研究,2016(11).

［43］倪红福.中国出口技术含量动态变迁及国际比较［J］.经济研究,2017(1).

［44］裴长洪.进口贸易结构与经济增长:规律与启示［J］.经济研究,2013(7).

［45］齐俊妍,任奕达.数字经济渗透对全球价值链分工地位的影响——基于行业异质性的跨国经验研究［J］.国际贸易问题,2021(9).

［46］齐俊妍,任奕达.数字经济发展、制度质量与全球价值链上游度［J］.国际经贸探索,2022(1).

［47］宋慧桐.产业观察数字经济推动全球价值链分工地位变迁探讨［J］.商业经济研究,2021(5).

［48］邵婧婷.数字化、智能化技术对企业价值链的重塑研究［J］.经济纵横,2019(9).

［49］沈玉良,金晓梅.数字产品、全球价值链与国际贸易规则［J］.上海师范大学学报(哲学社会科学版),2017(1).

［50］孙铭壕,侯梦薇,钱馨蕾等."一带一路"沿线国家参与全球价值链位势分析——基于多区域投入产出模型和增加值核算法［J］.湖北社会科学,2019(2).

［51］孙志燕,郑江淮.全球价值链数字化转型与"功能分工陷阱"的跨越［J］.改革,2020(10).

［52］田毕飞,陈紫若.创业对中国制造业全球价值链分工地位的影响［J］.中南财经政法大学学报,2018(4).

［53］屠年松,李柯,柴正猛.数字经济如何影响制造业全球价值链地

位：机制分析与空间溢出 [J]. 科技进步与对策，2022 (22).

[54] 王金波. 全球价值链的发展趋势与中国的应对 [J]. 国外理论动态，2014 (12).

[55] 王晶，林如意. 数字经济提升农业全球价值链分工地位了吗——基于世界投入产出数据的分析 [J]. 价格月刊，2022 (6).

[56] 王盛勇，李晓华. 新工业革命与中国产业全球价值链升级 [J]. 改革与战略，2018 (2).

[57] 王玉柱. 数字经济重塑全球经济格局——政策竞赛和规模经济驱动下的分化与整合 [J]. 国际展望，2018 (4).

[58] 王原雪，张二震. 全球价值链视角下的区域经济一体化及中国的策略 [J]. 南京社会科学，2016 (8).

[59] 王振. 数字经济蓝皮书：全球数字经济竞争力发展报告 (2018) [M]. 北京：社会科学文献出版社，2018.

[60] 魏龙，王磊. 从嵌入全球价值链到主导区域价值链——"一带一路"战略的经济可行性分析 [J]. 国际贸易问题，2016 (5).

[61] 吴代龙，刘利平. 数字化转型升级促进了全球价值链地位攀升吗——来自中国上市企业的微观证据 [J]. 产业经济研究，2022 (5).

[62] 肖苏阳. 数字经济背景下"中国制造业"转型升级研究 [J]. 广西质量监督导报，2019 (6).

[63] 肖旭，戚聿东. 产业数字化转型的价值维度与理论逻辑 [J]. 改革，2019 (8).

[64] 闫云凤，中日韩在全球价值链中的地位和作用——基于贸易增加值的测度与比较 [J]. 世界经济研究，2015 (1).

[65] 杨国伟，张成刚，辛茜莉. 数字经济范式与工作关系变革 [J]. 中国劳动关系学院学报，2018 (5).

[66] 杨水旸. 自主创新的理论基础和基本模式探讨 [J]. 工业技术经济，2005 (7).

[67] 姚星，吴怡，吴钢. 金融危机冲击下中国服务贸易网络结构动态演化研究 [J]. 国际贸易问题，2016 (9).

[68] 易宪容，陈颖颖，位玉双．数字经济中的几个重大理论问题研究——基于现代经济学的一般性分析［J］．经济学家，2019（7）．

[69] 余妙志，方艺筱．数字化投入与制造业全球价值链攀升——基于49国面板数据的实证分析［J］．工业技术经济，2022（10）．

[70] 余南平．全球数字经济价值链"轴心时代"的塑造与变革［J］．华东师范大学学报（哲学社会科学版），2021（4）．

[71] 詹晓宁，欧阳永福．数字经济下全球投资的新趋势与中国利用外资的新战略［J］．管理世界，2018（3）．

[72] 张辉．全球价值链理论与中国产业发展研究［J］．中国工业经济，2004（5）．

[73] 张辉，石琳．数字经济：新时代的新动力［J］．北京交通大学学报，2019（4）．

[74] 张辉，吴唱唱，王桂军．进口竞争对本土企业创新的影响效应——供给、需求双视角的机制研究［J］．国际商务（对外经济贸易大学学报），2022（4）．

[75] 张三峰，魏下海．信息与通信技术是否降低了企业能源消耗——来自中国制造业企业调查数据的证据［J］．中国工业经济2019（2）．

[76] 张新香．商业模式创新驱动技术创新的实现机理研究——基于软件业的多案例扎根分析［J］．科学学研究，2015（4）．

[77] 张中元．区域贸易协定的水平深度对参与全球价值链的影响［J］．国际贸易问题，2019（8）．

[78] 赵西山．数字经济驱动中国制造转型升级研究［J］．中州学刊，2017（12）．

[79] 周升起，张皓羽．数字技术应用有助于服务业全球价值链分工地位提升吗［J］．国际商务（对外经济贸易大学学报），2022（4）．

[80] 周昕．中国产品内分工的区域化与全球化［J］．亚太经济，2013（3）．

[81] 周昕，牛蕊．产品内分工、距离与生产网络区位优势——基于2000～2009年中国零部件进口的实证研究［J］．世界经济研究，2012（7）．

［82］Ahmad N，Schreyer P. Measuring GDP in a Digitalised Economy ［R］. OECD Statistics Working Papers，2016.

［83］Anderson J E，Wincoop E. Trade Costs ［J］. Journal of Economic Literature，2004，42（3）.

［84］Antràs P，Chor D. On the Measurement of Upstreamness and Downstreamness in Global Value Chains ［R］. National Bureau of Economic Research Working Paper Series，No. 24185，2018.

［85］Antràs P，Chor D. Global Value Chains ［R］. NBER Working Paper Series，2021.

［86］Antràs P，Staiger R W. Trade Agreements and the Nature of Price Determination ［J］. American Economic Review，2012，102（3）.

［87］Arndt S W，Kierzkowski H. Fragmentation：New Production Patterns in the World Economy ［M］. Oxford：Oxford University Press，2001.

［88］Athukorala P，Kohpaiboon A. East Asian Exports in the Global Economic Crisis：The Decoupling Fallacy and Post-crisis Policy Challenges ［R］. The Australian National University，Arndt – Corden Department of Economics. 2009.

［89］Backer K D，DeStefano T，Menon C，et al. Industrial Robotics and the Global Organisation of Production ［R］. OECD Science，Technology and Industry Working Papers，2018.

［90］Baldwin R. Trade and Industrialization after Globalization's 2nd Unbundling：How Building and Joining a Supply Chain are Different and Why it Matters ［R］. NBER Working Paper No. 17716，2012.

［91］Baldwin R. The Great Convergence：Information Technology and the New Globalization ［M］. Cambridge，MA：The Belknap Press of Harvard University Press，2016.

［92］Baldwin R，Javier L G. Supply – Chain Trade：A Portrait of Global Patterns and Several Testable Hypotheses ［R］. NBER Working Paper No. 18957，2013.

［93］Bakos J. Y. Reducing Buyer Search Costs：Implications for Electronic

Marketplaces［J］. Management Science，1997，43（12）.

［94］Borin A，Mancini M. Measuring What Matters in Global Value Chains and Value－Added Trade［R］. Policy Research Working Paper，No. 8804，2019.

［95］Bukht R，Heeks R. Defining，Conceptualising and Measuring the Digital Economy［R］. The Development Informatics Working Paper，No. 68，2017.

［96］Cambra－Fierro J J，Hart S，Polo－Redondo Y，et al. Market and Learning Orientation in Times of Turbulence：Relevance Questioned? An Analysis using a Multi－Case Study［J］. Quality & Quantity，2012，46（3）.

［97］Daudin G，Rifflart C，Schweisguth D. Who Produces for Whom in the World Economy?［J］. Canadian Journal of Economics，2011，44（4）.

［98］Deardorff A V. International Provision of Trade Services，Trade，and Fragmentation［J］. Review of International Economics，2001（9）.

［99］Elmasry，T. et al. Digital Middle East：Transforming the Region into a Leading Digital Economy［DB/OL］. McKinsey & Company，New York，2016.

［100］Fally T. Data on the Fragmentation of Production in the US［R］. University of Colorado，2012.

［101］Foster C，Graham M. Reconsidering the Role of the Digital in Global Production Networks［J］. Global Networks，2017，17（1）.

［102］Gereffi G. A Commodity Chains Framework for Analyzing Global Industries［R］. Unpublished Working Paper for IDS，1999a.

［103］Gereffi G. International Trade and Industrial Upgrading in the Apparel Commodity Chain［J］. Journal of International Economics，1999b，1（48）.

［104］Gereffi，G. Global Value Chains and International Competition［J］. The Antitrust Bulletin，2011，56（1）.

［105］Gereffi G，Humphrey J，Sturgeon T. The Governance of Global Value Chains［J］. Review of International Political Economy，2005，12（1）.

［106］Hummels D，Ishii J，Yi K M. The Nature and Growth of Vertical Specialization in World Trade［J］. Journal of International Economics，2001，54（1）.

［107］Humphrey J，Schmitz H. How does Insertion in Global Value Chains

Affect Upgrading Industrial Clusters? [J]. Regional Studies, 2002. 36 (9).

[108] Johnson R C, Noguera G. Accounting for Intermediates: Production Sharing and Trade in Value Added [J]. Journal of International Economics, 2012 (86).

[109] Kaplinsky R, Morris M. A Handbook for Value Chain Research [M]. Univeristy of Sussex, UK, 2001.

[110] Kim S, Lee J W, Park C Y. Emerging Asia: Decoupling or Recoupling [J]. The World Economy, 2011, 34 (1).

[111] Kogut B. Designing Global Strategies: Comparative Value-added Chains [J]. Sloan Management Review, 1985, 26 (4).

[112] Koopman R, Powers W, Wang Z, Wei S J. Give Credit Where Credit Is Due: Tracing Value Added in Global Production Chains [R]. National Bureau of Economic Research Working Paper Series No. 16426, 2010.

[113] Koopman R, Wang Z, Wei S J. Estimating Domestic Content in Exports When Processing Trade is Pervasive [J]. Journal of Development Economics, 2012 (99).

[114] Lane N. Advancing the Digital Economy into the 21st Century [J]. Information Systems Frontiers, 1999, 1 (3).

[115] Laplume A O, Petersen B, Pearce J M. Global Value Chains from a 3D Printing Perspective [J]. Journal of International Business Studies, 2016, 47 (5).

[116] Los B, Trimmer M P, De Vries, G J. How Global are Global Value Chains? A New Approach to Measure International Fragmentation [J]. Journal of Regional Science, 2015 (55).

[117] Margherio L et al. The Emerging Digital Economy [R]. Department of Commerce, Washington, 1999.

[118] Mesenbourg T L. Measuring the Digital Economy [R]. United States Bureau of the Census, 2001.

[119] Pettigrew A M. Longitudinal Field Research on Change: Theory and

Practic [J]. Organization Science, 1990, 1 (3).

[120] Porter M E. The Competitive Advantage: Creating and Sustaining Superior Performance [M]. New York: Free Press, 1985.

[121] Rodrik D. New Technologies, Global Value Chains, and Developing Economies [R]. NBER Working Paper Series, 2018.

[122] Sturgeon T J. Mapping Integrative Trade: Conceptualising and Measuring Global Value Chains [J]. International Journal of Technological Learning Innovation & Development, 2008, 1 (3).

[123] Tapscott D. The Digital Economy: Promise and Peril in the Age of Networked Intelligence [M]. New York: McGraw – Hill, 1995.

[124] Timmer M P, Erumban A A, Los B, et al. Slicing up Global Value Chains [J]. Journal of Economic Perspectives, 2014, 28 (2).

[125] UNCTAD. World Investment Report 2017: Investment and Digital Economy [R]. 2017.

[126] Wang Z, Wei S J, Yu X, et al. Characterizing Global Value Chains: Production Length and Upstreamness [R]. NBER Working Paper, 2017.

[127] Wang Z, Wei S J, Zhu K F. Quantifying International Production Sharing at the Bilateral and Sector Levels [R]. NBER Working Paper, 2018.

[128] Yin R K. The Case Study Crisis: Some Answers [J]. Administrative Science Quarterly, 1981, 26 (1).